高等职业教育高速铁路规划教材

高速铁路养护与维修

何宏斌　主编

西南交通大学出版社
·成　都·

图书在版编目（CIP）数据

高速铁路养护与维修 / 何宏斌主编. —成都：西南交通大学出版社，2011.8（2023.8 重印）
高等职业教育高速铁路规划教材
ISBN 978-7-5643-1301-2

Ⅰ. ①高… Ⅱ. ①何… Ⅲ. ①高速铁路－铁路养护－高等职业教育－教材②高速铁路－维修－高等职业教育－教材 Ⅳ. ①U238

中国版本图书馆 CIP 数据核字（2011）第 158235 号

高等职业教育高速铁路规划教材
高速铁路养护与维修
何宏斌　主编

责 任 编 辑	高　平
特 邀 编 辑	杨　勇
封 面 设 计	本格设计
	西南交通大学出版社
出 版 发 行	（四川省成都市二环路北一段 111 号西南交通大学创新大厦 21 楼）
发行部电话	028-87600564　87600533
邮 政 编 码	610031
网　　　址	http：//www.xnjdcbs.com
印　　　刷	四川森林印务有限责任公司
成 品 尺 寸	185 mm×260 mm
印　　　张	9.875
字　　　数	244 千字
版　　　次	2011 年 8 月第 1 版
印　　　次	2023 年 8 月第 3 次
书　　　号	ISBN 978-7-5643-1301-2
定　　　价	26.00 元

图书如有印装质量问题　本社负责退换
版权所有　盗版必究　举报电话：028-87600562

前　言

随着我国经济的快速发展，人们对快捷交通的需要也越来越高，而高速铁路客运专线正是适应这一需要的最佳方式之一。在国家的支持下，我国的高速铁路客运专线建设进入了一个蓬勃发展的新时代。伴随着越来越多的高速铁路客运专线的交付与投入运营，高速铁路客运专线的养护维修问题也日显突出。高速铁路客运专线采用的是无砟轨道、大半径曲线、新型扣件等较多的新技术，而我们国家现有的轨道线路养护维修人员多是从事有道砟的普通铁路干线的养护维修工作，因此，高速铁路客运专线的养护维修对于我国广大的线路养护维修技术人员来说，既是一个新的领域，也是一个新的挑战。

另外，我们国家高速铁路客运专线的技术采用的是引进消化的国外技术，也是近几年才投入运营，因此，目前对于广大的线路养护维修技术人员来说还没有一个较为完善成熟的教材来进行学习和培训，这对于高速铁路客运专线的安全运营和发展有较大的制约。为了适应当前高速铁路客运专线的快速发展，培养我国高速铁路客运专线养护维修技术人员，编制高速铁路客运专线养护维修技术教材已经显得刻不容缓。

在西安铁路职业技术学院各级领导和铁道工程技术、高速铁路技术专业广大专业教师的关心和支持下，我们编写了《高速铁路养护与维修》这本教材。在教材的编写过程中，得到了京津城际高速铁路丰台工务段、上海铁路局、郑州铁路局洛阳工务段（郑西客专工作组）、西安铁路局西安工务段（郑西客专工作组）技术人员的大力支持和帮助。在此，我们编写组向他们表示深深的感谢和敬意。

需要说明的是，对于高速铁路客运专线的养护维修，目前还没有成熟的经验和结论，养护维修还处于摸索、探究和进一步的实践阶段。本教材中的养护维修方法也是对于京津城际、沪宁高铁、郑西客运专线等线路广大养护维修技术人员在日常养护维修工作中积累的经验的总结和提升，也采用了部分工程师、大专院校、学者的演讲内容。其中还有较多的不足和需要改进的地方，望从事该工作的广大技术人员能加以补充和改进，以使教材能够变得更加完善和实用。

本教材的目的在于培养我国高速铁路客运专线急需的养护维修技术人员，面向对象是从事该行业的高职高专学生，也可作为本科和相关专业技术人员的辅助材料。本教材共分五章，其中第一、二、四、五章由西安铁路职业技术学院何宏斌编写，第三章由西安铁路职业技术学院赵景民、徐远平编写，何宏斌负责全书的统稿和定稿工作。

由于编制水平有限，书中难免存在疏漏之处，敬请各位读者批评和指正。

编　者
2011 年 6 月

目 录

第一章 高铁客运专线的发展历程 … 1
 第一节 高速铁路的发展与现状 … 1
 第二节 国外高速铁路的发展概况 … 8
 第三节 中国高速铁路的发展与展望 … 12

第二章 高铁客运专线的结构组成与特点 … 25
 第一节 高铁客运专线的基本组成与特点 … 25
 第二节 郑西客运专线的组成 … 32

第三章 高铁客运专线的维修标准与作业制度 … 59
 第一节 高铁施工安全管理制度[施工及安全管理办法（试行）] … 59
 第二节 高铁客专材料工具管理制度[管理办法（试行）] … 64
 第三节 高铁客专内业管理制度[线桥车间班组内业管理标准（试行）] … 66
 第四节 高铁客专静态作业指导管理办法（试行） … 72

第四章 高铁客运专线桥梁的检测与维修 … 83
 第一节 桥梁基本知识 … 83
 第二节 高铁客专桥梁的检测与维修 … 88

第五章 高铁客运专线轨道几何尺寸的检测与维修 … 98
 第一节 京津城际轨道简介 … 98
 第二节 京津城际线路的静态检查 … 109
 第三节 线路动态检查 … 116
 第四节 轨道线路精调 … 117
 第五节 线路控制测量简介 … 124
 第六节 道上维修作业预案与应急整修 … 128

参考文献 … 151

第一章
高铁客运专线的发展历程

第一节 高速铁路的发展与现状

高速铁路是指通过改造原有线路（直线化、轨距标准化），使营运速率达到每小时 200 km 以上，或者专门修建新的"高速新线"，使营运速率达到每小时 250 km 以上的铁路系统。高速铁路除了列车在营运方面达到速度一定标准外，车辆、路轨、操作调度都需要配合提升。广义的高速铁路包含使用磁悬浮技术的高速轨道运输系统。图 1.1 是我国首条高铁客运专线京津城际高速铁路。

图 1.1 京津城际高速铁路

经过世界上主要发达国家对于各种运输方式的论证，得出高速铁路客运专线具有：速度快、安全性好、受气候变化影响小、正点率高、舒适方便、能源消耗低、环境影响轻、经济效益好等特点。

一、历　史

铁路是人类发明的首项公共交通工具，在 19 世纪初期便在英国出现。直至 20 世纪初发明汽车，铁路一向是陆上运输的主力。第二次世界大战以后，汽车技术得到改进，高速公路亦大量建成，加上民航的普及，使铁路运输慢慢走向下坡。特别在美国，政府的投资主要放在公路的建设上，不少城市内的公共交通曾一度被遗弃。图 1.2 是日本的新干线列车。

早在 20 世纪前期，当时火车"最高速率"超过时速 200 km 者寥寥无几。直到 1964 年日本的新干线系统开通，史上第一个实现"营运速率"高于时速 200 km 的高速铁路系统才出现。日系新干线列车由川崎重工建造，行驶在东京—名古屋—京都—大阪的东海道新干线上，营运速度每小时 300 km。

图 1.2 行驶在山阳新干线上的 300 系列车

二、高速铁路与汽车及民航

无论是高速公路或机场都存在挤塞的问题。高速铁路的优点是载客量非常高。倘若旅程非以大城市中心为出发及目的地，使用高速铁路加上转乘的时间可能只跟驾驶汽车相若。但高速铁路无须自行驾车会较为舒适。另一方面，虽然高速铁路的速度比不上飞机，但在距离稍短的旅程（650 km 以下），高速铁路因为无需到一般是颇为遥远的机场登机，仍会较为省时。而且高速铁路的班次可以较为频密，总载客量亦远高于民航。的确，有时我们出行高铁才是我们的好朋友。

三、建造地区

日本、法国、中国及美国的高速铁路发展都是首先连接人口密集的大城市。如：日本的东京至京都；法国的巴黎至里昂；中国的北京至天津，武汉至广州，上海至杭州，南京至上海，郑州至西安，北京至上海；美国的波士顿至纽约、华盛顿。这样可以减少投资，需要时亦可以将原有的路轨改良后使用。图 1.3 为法国的高速列车。

图 1.3 法国高铁

高速铁路的顾客对象多数以商务旅客为主。旅游游客是第二主要客户。以法国高速铁路为例，它连接了海岸的度假区，并且在长程路线上减价以跟飞机竞争。因为高速铁路的出现，不少以离巴黎现在低于 1 h 车程的地区开始成为通勤的住宅区。不少本来是偏远的地区亦得到较快的发展。西班牙及荷兰的高速铁路也是希望得到这种效果。

四、世界高速铁路回顾

1. 第一次浪潮：1964 年至 1990 年

1959 年 4 月 5 日，世界上第一条真正意义上的高速铁路东海道新干线在日本破土动工，经过 5 年建设，于 1964 年 3 月全线完成铺轨，同年 7 月竣工，1964 年 10 月 1 日正式通车。东海道新干线从东京起始，途经名古屋、京都等地终至（新）大阪，全长 515.4 km，运营速度高达 210 km/h，它的建成通车标志着世界高速铁路新纪元的到来。随后法国、意大利、德国纷纷修建高速铁路。1972 年继东海道新干线之后，日本又修建了山阳、东北和上越新干线；法国修建了东南 TGV 线、大西洋 TGV 线；意大利修建了罗马至佛罗伦萨线。以日本为首的第一代高速铁路的建成，大力推动了沿线地区经济的均衡发展，促进了房地产、工业机械、钢铁等相关产业的发展，降低了交通运输对环境的影响程度，铁路市场份额大幅度回升，企业经济效益明显好转。

2. 第二次浪潮：1990 年至 20 世纪 90 年代中期

法国、德国、意大利、西班牙、比利时、荷兰、瑞典、英国等欧洲大部分国家，大规模修建本国或跨国界高速铁路，逐步形成了欧洲高速铁路网络。这次高速铁路的建设高潮，不仅仅是铁路提高内部企业效益的需要，更多的是国家能源、环境、交通政策的需要。

3. 第三次浪潮：20 世纪 90 年代中期至今

在亚洲（韩国、中国）、北美洲（美国）、大洋洲（澳大利亚）掀起了建设高速铁路的热潮。主要体现在：一是修建高速铁路得到了各国政府的大力支持，一般都有了全国性的整体修建规划，并按照规划逐步实施；二是修建高速铁路的企业经济效益和社会效益，得到了更广层面的共识，特别是修建高速铁路能够节约能源、减少土地使用面积、减少环境污染、交通安全等方面的社会效益显著，以及能够促进沿线地区经济发展、加快产业结构的调整等等。

适合高速铁路的生存环境其实只有两条基本原则：第一是人口稠密和城市密集，而且生活水准较高，能够承受高速轮轨比较昂贵的票价和多点停靠；第二是较高的社会经济和科技基础，能够保证高速轮轨的施工、运行与维修需要。

就这两点而言，以巴黎和柏林为核心的欧洲大陆和日本密集的城市带是最适合不过的。因此世界最先进的高速轮轨技术诞生在德、法、日这 3 个国家就非常合乎逻辑。

日本的高速铁路"新干线"诞生于 1964 年。当时的东京至新大阪"东海道"新干线仅用 8 年时间就收回全部投资。近 40 年来，新干线技术不断进步，已经构成了日本国内铁路网的主干部分。

虽然新干线的速度优势不久之后就被法国的 TGV 超过，但是日本新干线拥有目前最为成熟的高速铁路商业运行经验——近40年没有出过任何事故。而且新干线修建之后对于日本经济的拉动也是引起世界高速铁路建设狂潮的原因之一。

TGV 可能是目前唯一没有任何盈利色彩而享誉世界的法国产品。所谓 TGV 是 Train à Grande Vitesse（法语"高速铁路"）的简称。第一条 TGV 是 1981 年开通的巴黎至里昂线。此后不过几个月，TGV 就打败法国航空拥有了这条线路的最大客源。

1972 年的试验运行中，TGV 创造了当时 318 km 的高速轮轨时速纪录。

从此 TGV 一直牢牢占据高速轮轨的速度桂冠，目前的纪录是 2007 年创下的 578.4 km/h。另外，法国境内的加来至马赛 TGV 的平均时速超过 300 km，表现也非常稳定。图 1.4 为法国的 TGV 高速列车。

图 1.4　法国 TGV

法国 TGV 的最大优势在于传统轮轨领域的技术领先。1996 年，欧盟各国的国有铁路公司经联合协商后确定采用法国技术作为全欧高速火车的技术标准。因此 TGV 技术被出口至韩国、西班牙和澳大利亚等国，是被运用最广泛的高速轮轨技术。

德国的 ICE 则是目前高速铁路中起步最晚的项目。ICE 的研究开始于 1979 年，其内部制造原理和制式与法国 TGV 有很大相似之处，目前的最高时速是 1988 年创下的 409 km。因此现在德国与法国政府正在设计进行铁路对接，用各自的技术完成欧洲大陆上最大的两个国家铁路网的贯通。图 1.5 为德国的 ICE 高速列车。

图 1.5　德国 ICE

ICE 起步较晚和进展比较落后的一个重要原因是德国人在高速轮轨和磁悬浮的两线作战。由于磁悬浮在设计理念上的先天优势（没有固态摩擦），德国的常导高速磁悬浮一直是其铁路方面科研的重点。磁悬浮的设计理念与传统意义上的轮轨完全不同，因此当法国的 TGV 顺利投入运行，而且速度不亚于当时的磁悬浮时，德国人才开始在高速轮轨方面奋起直追，但是至今仍与法国 TGV 技术有不小的差距。

在认识建造高速铁路的优势后，美国奋起直追，不仅保留了原计划拆除的东北走廊电气化设施，而且在引进 TGV 技术的基础上，研制了具有美国特色的高速列车 Acela（Acela 的标志

Acela Express,是动力集中的摆式列车,由 Bombardier 和 Alstom 联合研制,整列不锈钢打造。列车运行最高时速 150 mph,大约 240 km/h)。该型号列车连接了波士顿、纽约、费城、华盛顿,是美国唯一一条高速铁路。

1971 年最早的 TR1 型磁悬浮面世之后,至今已经有 8 个型号。上海磁悬浮采用的就是最新的 TR8 型。

日本磁悬浮研究成功是在新干线正式运行 10 年之后的 1972 年,而且研究方向是与德国完全不同的超导方式。目前日本磁悬浮已经在试验中得到 552 km/h 的最高速度。

高速轮轨和磁悬浮虽然在设计方法上有天壤之别,却还有一点是共通的,那就是关注于改变列车和轨道的接触状况以提高速度。到目前为止,磁悬浮能够达到的设计运行最高时速为 450 km(德国),试验最高时速 552 km(日本)。与目前最高时速的高速轮轨 TGV 相比,磁悬浮的纯速度领先还并不明显,但它有明显的速度潜力以及能耗比小、噪声低等优势。与此大相径庭的是近年在兴起的,关注于改进机车牵引系统的摆式列车,很有可能是此后地面交通工具提高速度的另一个有益尝试。

德国、意大利和瑞典是最早进行摆式列车试验的国家,1997 年以来摆式列车因为价格便宜和制造工艺相对简单,尤其是能够充分利用现有线路,不必铺设全新的铁路网络的优势,而逐渐能够在高速列车的竞争上与高速轮轨和磁悬浮分庭抗礼。

从国际趋势来看,摆式列车很有可能是一种在大规模成熟铁路网基础上完成提速,而且性价比较高的高速铁路技术。

五、优　势

1. 输送能力大

输送能力大是高速铁路的主要技术优势之一。目前各国高速铁路几乎都能满足最小行车间隔 4 min 及其以下(日本可达 3 min)的要求。日本东海道新干线高峰期发车间隔为 3.5 min,平均每小时发车达 11 列。在东京与新大阪间的 2 个半小时的运行路程中,开行"希望"号 1 列、只停大站的"光"号 7 列以及各站都停的"回声"号 3 列。每天通过的列车达 283 列,每列车可载客 1 200 人～1 300 人,年均输送旅客达 1.2 亿人次,待品川站建成后,东京站每小时可发车 15 列。东海道新干线目前每天旅客发送人数是开通之初的 6 倍多,最高达到 37 万人/日(在 1991 年)。其他国家由于铁路客运量比日本要少,高速铁路日行车量一般在 100 对以内。图 1.6 为日本的高速列车。

图 1.6　日本高速列车

2. 速度快

速度是高速铁路技术水平的最主要标志，各国都在不断提高列车的运行速度。法国、日本、德国、西班牙和意大利高速列车的最高运行时速分别达到了 300 km、300 km、280 km、270 km 和 250 km。如果作进一步改善，运行时速可以达到 350 km ~ 400 km。除最高运行速度外，旅客更关心的是旅行时间，而旅行时间是由旅行速度决定的。以北京至上海为例，在正常天气情况下：乘飞机的旅行全程时间（含市区至机场、候检等全部时间）为 5 h 左右；如果乘高速铁路的直达列车，全程旅行时间则为 5 h ~ 6 h，与飞机相当；如果乘既有铁路列车，则需要 15 h ~ 16 h。若与高速公路比较，以上海到南京为例，沪宁高速公路 274 km，汽车平均时速 83 km，行车时间为 3.3 h，加上进出沪、宁两市区一般需 1.7 h，旅行全程时间为 5 h，而乘高速列车，则仅需 1.15 h。

3. 安全性好

高速铁路由于在全封闭环境中自动化运行，又有一系列完善的安全保障系统，所以其安全程度是任何交通工具无法比拟的。高速铁路问世 35 年以来，日、德、法三国共运送了 50 亿人次旅客，除德国 2005 年 6 月 3 日的事故（ICE 高速列车行驶在改建线上发生事故）外，各国高速铁路都未发生过重大行车事故，也没有因事故而引起人员伤亡。这是各种现代交通运输方式所罕见的。几个主要高速铁路国家，一天要发出上千对的高速列车，即使计入德国发生的事故，其事故率及人员伤亡率也远远低于其他现代交通运输方式。因此，高速铁路被认为是最安全的。与此成对比的是，据统计，全世界每年由于公路交通伤亡事故死亡的人数一般为 25 万 ~ 30 万；1994 年全球民用航空交通中有 47 架飞机坠毁，1 385 人丧生，死亡人数比前一年增加 25%，比过去 10 年的平均数高出 20%。每 10 亿人公里的平均死亡数高达 140 人。

4. 受气候变化影响小，正点率高

高速铁路全部采用自动化控制，可以全天候运营，除非发生地震。据日本新干线风速限制的规范，若装设挡风墙，即使在大风情况下，高速列车也可减速行驶，而无须停运。比如：风速达到每秒 25 m ~ 30 m，列车限速在 160 km/h；风速达到每秒 30 m ~ 35 m（类似 11、12 级大风），列车限速在 70 km/h。飞机机场和高速公路等，在浓雾、暴雨和冰雪等恶劣天气情况下，则必须关闭停运。

正点率高也是高速铁路深受旅客欢迎的原因之一。由于高速铁路系统设备的可靠性和较高的运输组织水平，可以做到旅客列车极高的正点率。西班牙规定高速列车晚点超过 5 min 就要退还旅客的全额车票费；日本规定到发超过 1 min 就算晚点，晚点超过 2 h 就要退还旅客的加快费，1997 年东海道新干线列车平均晚点只有 0.3 min。高速列车极高的准时性深得旅客信赖。

5. 舒适方便

高速铁路一般每 4 min 发出一列车，日本在旅客高峰时每 3.5 min 发出一列客车，旅客基本上可以做到随到随走，不需要候车。为方便旅客乘车，高速列车运行规律化，站台按车次固定化等。这是其他任何一种交通工具无法比拟的。高速铁路列车车内布置非常豪华，工作、生活设施齐全，坐席宽敞舒适，走行性能好，运行非常平稳。减震、隔音、车内很安静。乘坐高速列车旅行几乎无不便之感,无异于愉快的享受。

6. 能源消耗低

如果以每人每公里所消耗的单位能耗来进行比较的话,高速铁路为 1,则小轿车为 5,大客车为 2,飞机为 7。

高速列车利用电力牵引,不消耗宝贵的石油等液体燃料,可利用多种形式的能源。

7. 环境影响小

当今,发达国家对新一代交通工具选择的着眼点是对环境影响小。高速铁路符合这种要求,明显优于汽车和飞机。

8. 经济效益好

高速铁路投入运行以来,备受旅客青睐,其经济效益也十分可观。日本东海道新干线开通后仅 7 年就收回了全部建设资金,自 1985 年以后,每年纯利润达 2000 亿日元。德国 ICE 城市间高速列车每年纯利润达 10.7 亿马克。法国 TGV 年纯利润达 19.44 亿法郎。

六、各国技术

1. TGV 技术

法国:TGV。

法国、英国、比利时:欧洲之星。图 1.7 为欧洲之星高速列车。

图 1.7 欧洲之星

法国、比利时、荷兰、德国:Thalys。
西班牙:AVE。
韩国:KTX。
美国:ACELA。

2. ICE 技术

德国:ICE(Intercity Express)。

德国、比利时、荷兰、瑞士、奥地利：ICE（Intercity Express）。

中国：CRH3（ICE 3/ VelaroE）。

3. 新干线技术

日本：新干线。

中国：CRH2（E2-1000），台湾地区高铁。

4. Talgo 技术

西班牙：Talgo350。

5. 摆式列车

意大利、芬兰、葡萄牙、捷克、斯洛文尼亚、英国：Pendolino。

瑞典：X2000。

瑞士：ICN（型摆式动车组）。

意大利、瑞士：ETR（Eurostar Italia）。

美国：Acela。

加拿大：LRC。

日本：800 系、N700 系、E5 系、E6 系新干线。

6. 磁悬浮技术

中国上海：中国第一辆磁悬浮列车。

日本：山梨リニア（MLX-001），中央新干线（东京—大阪）。

7. 中国近年高速铁路

京津城际、昌九城际、石太客运专线、沪宁高铁、哈大线、武广客运专线、郑西高铁、温福线、京石线、汉宜线、广深港、京沪线、福厦铁路、成灌高铁、沪杭高铁、海南东环铁路等，当时计划到 2020 年，用 6 万亿元修建 5 万 km 高速铁路。

第二节　国外高速铁路的发展概况

一、法国高速铁路简介

2007 年 4 月 3 日，法国高速列车在行驶试验中达到 574.8 km 的时速，打破了 1990 年由法国高速列车创下的时速 515.3 km 的有轨铁路行驶世界纪录。法国高铁刷新了新的速度纪录，图 1.8 为法国的高速列车。

图 1.8 法国的高速列车

此次破纪录的试验列车被命名为"V150",意思是实现行驶速度超每秒 150 m,即时速 540 km 的目标。"V150" 列车于当地时间 3 日 13 时在刚刚竣工的巴黎—斯特拉斯堡东线铁路 264 km 处启动。启动 10 min 后,列车首先达到时速 515.4 km,打破了法国高速列车保持了 17 年的世界纪录。在行驶 73 km 后,列车时速达到 574.8 km。

这次试验由法国阿尔斯通运输公司、法国国家铁路公司和法国铁路网三家机构联合进行,目的是显示法国铁路运输实力,验证有轨列车最新技术的可靠性,增强法国铁路运输领域的竞争力。

(一)概 述

1971 年,法国政府批准修建 TGV 东南线(巴黎至里昂,全长 417 km,其中新建高速铁路线 389 km),1976 年 10 月正式开工,1983 年 9 月全线建成通车。TGV 高速列车最高运行时速 270 km,巴黎至里昂间旅行时间由原来的 3 h 50 min 缩短到 2 h,客运量迅速增长,预期的经济效益良好。TGV 东南线的成功运营,证明高速铁路是一种具有竞争力的现代交通工具。1989 年和 1990 年,法国又建成巴黎至勒芒、巴黎至图尔的大西洋线,列车最高时速达到 300 km。1993 年,法国第三条高速铁路 TGV 北线开通运营。北线也称北欧线,由巴黎经里尔,穿过英吉利海峡隧道通往伦敦,并与欧洲北部比利时的布鲁塞尔、德国的科隆、荷兰的阿姆斯特丹相连,是一条重要的国际通道。由于在修建高速铁路之初,就确定 TGV 高速列车可在高速铁路与普通铁路上运行的技术政策和组织模式,目前法国高速铁路虽然只有 1 282 km,但 TGV 高速列车的通行范围已达 5 921 km,覆盖大半个法国国土。根据规划,法国在 21 世纪的头 10 年内,把东南线延伸至马赛,还要修建通向意大利和西班牙的南部欧洲线以及巴黎至德国的东部欧洲线。

(二)路网介绍

按照建造时间顺序,法国 TGV 高速铁路网主要包括东南线、大西洋线、北方线、东南延伸线(或称罗纳河—阿尔卑斯线)、巴黎地区联络线、地中海线和东部线等 7 个组成部分。下面分别对其发展过程作一简单描述。

1. 东南线

巴黎和里昂是法国两个最大的城市,人口分别为 1000 万和 150 万,自 20 世纪 60 年代起,联结巴黎—第戎—里昂的铁路运量就已达到饱和状态，当时曾考虑过加修复线等多种方案，经详细的技术经济分析后，最终选择了新建一条高速客运专线的方案。

该线包括联络线在内全长 417 km，南段 275 km 于 1981 年 9 月投入运营，北段 115 km 于 1983 年 9 月投入运营并全线开通。东南线上运行的 TGV-PSE 型动车组允许最高速度为 270 km/h，超过了当时日本东海道新干线最高速度 220 km/h，旅行速度为 213 km/h。

东南线 TGV 高速铁路系统自投入运营之日起，就以其安全、快速、便捷、舒适的特性吸引了广大旅客，成为一种极具竞争力的公共交通工具。高速列车的开行使巴黎和里昂间的旅行时间只需 2 h，比过去缩短了一半，客运量大幅度增长，自 1981 年启运以来到 1997 年，东南线高速列车运送的旅客达到 2.81 亿人次。高速新线与既有铁路网的兼容性能使高速线上行驶的高速动车组到达既有线后以既有线允许的速度行驶，从而大大扩展了它的通达区域，从巴黎出发开往马赛（Marseille）、蒙彼利埃（Mont-Pellier）或日内瓦（Geneve）的列车保留了在高速线上节省时间的优点。

巴黎—里昂高速线是由法国国营铁路公司独自筹资兴建的，作为法国自 1928 年以来第一条新建的铁路，它在技术和商业方面的巨大成功，使法国铁路这一传统产业摆脱了萧条，重新走向辉煌，同时在很大程度上也推动了全世界铁路行业的新发展，而法铁则在自己出色的经营中，使投资回报率高达 15%。

2. 大西洋线

东南线的成功大大激发了法国修建高速新线的积极性，之后，法国政府就加紧了对修建大西洋线 TGV 的研究。1984 年，大西洋线被宣布为公用事业。1989 年 9 月，大西洋的西部支线巴黎到勒芒（Lemans）开通。1990 年 10 月，开往图尔（Tours）的西南部支线也投入了使用。该线全长 282 km，全部投入运营后，从巴黎向西开往雷恩（Rennes）、南特（Nantes）方向，向西南开往波尔多（Bordeaux）、图卢兹（Toulouse）方向的高速列车通达行程达到 2 440 km，通达城市为 56 个大西洋线 TGV-A 型高速动车组允许的最高速度达到 300 km/h，从巴黎到勒芒的旅行速度为 220 km/h，从巴黎到图尔的旅行速度为 236 km/h。该线采用的高速动车组被称为第二代 TGV，与在东南线使用的第一代 TGV 相比，在技术方面，由于在牵引、制动和受流等关键技术上都有重大进展，高速列车性能和旅客舒适程度都有了明显的提高。行车速度从 10 年前的 270 km/h 提高到 300 km/h，515.3 km/h 的世界纪录就是 1990 年在大西洋线 TGV 西南支线上创造出来的。同时，由于在机车车辆保养、能源消耗等问题上注意节约，以及采用车载微机系统，第二代 TGV 的运营费用比第一代 TGV 降低了近 20%。

与东南线一样，大西洋线自投入运营以后，客运量呈持续增长势头，1991 年达到 1 600 多万人次，至 1997 年，大西洋线运送的旅客已达到 1.61 亿人次；与此同时，巴黎—南特、巴黎—波尔多的航空运量和高速公路运量却有不同程度的下降。从经营效果来看，大西洋线 TGV 在完全开通后第一年就有盈余，1991 年纯收益 7.94 亿法郎，获得了与东南线类似的效果。截至 2000 年，大西洋线运营收入的盈余也已全部偿还线路建设与车辆购置的费用。

3. 北方线

北方线是联结巴黎—伦敦—布鲁塞尔—阿姆斯特丹—科隆—法兰克福的北部欧洲高速铁

路的法国部分，这是法国第一条国际性的高速铁路，涉及法、英、比、荷等 5 个国家。1987 年，法国政府批准法国国营铁路公司提出的修建北方线 TGV 的计划。1989 年 9 月，北方线 TGV 被宣布为公用事业，英吉利海峡隧道同时开始兴建。该线全长 333 km，从巴黎以北的喀内斯（Gonesse）到里尔（Lille）；在里尔分为两条支线，一条向西穿越英吉利海峡隧道到达英国，另一条通向比利时边界。从巴黎以北到阿拉斯（Arras）的 145 km 高速新线于 1993 年 5 月投入运营，采用 TGV-R 型路网高速动车组，列车最高速度为 300 km/h。1993 年 9 月，北方线 TGV 全线开通，从巴黎到里尔仅需 1 h 即可到达。1994 年 11 月，从巴黎到伦敦的运营正式开始，为了满足海底隧道的要求并与英国铁路接轨，采用了新研制的欧洲之星 TGV-TMST 型高速动车组，该型动车组在高速线上的最高行车速度为 300 km/h，在海底隧道则以 160 km/h 的速度运行。北部欧洲高速路网从里尔到布鲁塞尔（Bruxelles）的高速铁路已于 1996 年通车。

北方线自开通以来也显示出良好的应用前景，欧洲之星高速动车组在运营后的第一年，即 1995 年客运量就达到 300 万人次，1997 年，北方线 TGV 客运量已达到 2 050 万人次。高速列车通达范围达到 660 km，通达城市为 16 个。在经济方面，法铁的收益率为 12%，地方行政区则达到 19%。

4. 东南延伸线（或罗纳河—阿尔卑斯线）

罗纳河—阿尔卑斯高速线位于东南线的延长线上，从里昂到瓦朗斯（Valance）全长 148 km，新线从东环绕里昂并通过里昂—萨多拉机场高速车站，全线于 1994 年开通。至此，从巴黎到马赛的运行时间只需 4 h 10 min，自巴黎通达法国东南部及邻国的城市多达 75 个，高速新线的通达范围可达到 3 215 km。

5. 巴黎地区联络线

这条高速新线全长 128 km，从东部环绕巴黎，将北方线和东南线、大西洋线联结起来，途经法国最大的戴高乐国际机场高速车站和欧洲迪斯尼乐园高速车站，使空运、地铁和著名景点与高速线联结起来。该线向西通过既有线和联络线使北方线和大西洋线联成一体。该线南北部分已于 1994 年开通，与西部相联部分已于 1996 年开通。

6. 地中海线

地中海线自瓦朗斯向南延伸，在阿维尼翁设三角线，东南分支到达马赛，西南分支至尼姆以西的蒙彼利埃，全长约 295 km，最高运行速度为 350 km/h。地中海线自 1995 年开始动工修建，2001 年上半年线路已全部开通。由巴黎至马赛 800 km 行程只需旅行 3 h，采用 TGV-2N 型第三代双层高速动车组，法国北起里尔、南至马赛的南北高速主干道亦已形成。

7. 欧洲东部线

为了加强巴黎地区及法国北部、西部、西南地区与法国东北部之间的联系，还有法国与德国、瑞士及卢森堡等国之间的联系，欧洲东部线首段 300 km 铁路线于 2007 年 3 月 15 日建成并于 6 月 10 日投入商用，使得从巴黎 45 min 到兰斯，1 h 30 min 到梅斯或者南锡，2 h 20 min 到达斯特拉斯堡。

第三节　中国高速铁路的发展与展望

一、概　述

根据《中国铁路中长期发展规划》，到 2020 年，为满足快速增长的旅客运输需求，建立省会城市及大中城市间的快速客运通道，规划"四纵四横"铁路快速客运通道以及 4 个城际快速客运系统。建设客运专线 1.2 万 km 以上，客车速度目标值达到每小时 200 km 及以上。

1. "四纵四横"客运专线

"四纵"客运专线：北京—上海（京沪高速铁路），北京—武汉—广州—深圳—香港（京港高速铁路），北京—沈阳—哈尔滨（大连），杭州—宁波—福州—深圳（沿海高速铁路），北京—蚌埠—合肥—福州—台北（京台高速铁路，大陆段叫"京福高速铁路"）。

"四横"客运专线：徐州—郑州—兰州，杭州—南昌—长沙—贵阳—昆明（沪昆高速铁路），青岛—济南—石家庄—太原，上海—南京—武汉—重庆—成都（沪汉蓉高速铁路）。

2. 六大城际客运系统

环渤海地区：北京—天津，天津—秦皇岛，北京—秦皇岛，天津—保定。
环鄱阳湖经济圈地区：南昌—九江，九江—景德镇，南昌—鹰潭。
长株潭地区：长沙—株洲，长沙—湘潭。
长江三角洲地区：南京—上海，杭州—上海，南京—杭州，杭州—宁波。
珠江三角洲地区：广州—深圳，广州—珠海，广州—佛山，深圳—茂名。
闽南三角洲地区：福州—厦门，龙岩—厦门。

中国高速铁路建设进程正在不断加快，目前，武汉及周边城际圈，郑州及周边城际圈，成都及周边城际圈，沈阳及周边城际圈，长沙—株洲—湘潭地区，长春—吉林地区，赣江经济区，皖江经济区等经济集中带或经济据点，均将规划修建城际铁路。

除此之外，广州至南宁，成都至兰州，成都至西安，成都至贵阳，太原至西安等等重要省会之间或重大城市之间，随着经济规模的扩大和客运需求的增加，都将陆续修建时速 200 km 及以上的高速铁路或高速客运铁路专线。当时预计到 2020 年，中国 200 km 及以上时速的高速铁路建设里程会超过 1.8 万 km，占世界高速铁路总里程的一半以上。

二、北京与省会城市：火车 8 h 内抵达

2008 年中国拥有了第一条时速超过 300 km 的高速铁路——京津城际铁路，2009 年中国又

拥有了世界上一次建成里程最长、运营速度最高的高速铁路——武广客运专线。当时相关部门提出 2010 年—2012 年，中国会建成以北京为中心的 8 h 高速铁路交通圈。按照新调整的中长期铁路网规划，到 2012 年，中国铁路营业里程由当时的 8 万 km 增加到 11 万 km，其中高速铁路客运专线建成 1.8 万 km。乘高速列车从北京出发，1 h 内到达天津、石家庄、唐山、秦皇岛、张家口、承德等城市，2 h 到达沈阳、济南、郑州、太原等城市，3 h 能到达长春、大连、南京、合肥、呼和浩特等城市，4 h 能到达哈尔滨、西安、上海、杭州、武汉等城市。除乌鲁木齐、拉萨等个别城市外，广州、南昌、福州、台北，由于处在中国东南地区，时间上稍有间隔，北京到其他省会城市都将在 8 h 以内。

三、中国高铁改变世界

2008 年 3 月 31 日，时速 350 km 的首列国产化 CRH3 高速动车组在"唐车"下线，进入测试运行。

之前有外国宣称试验了 500 km 的高速列车，但目前全世界投入实际运营的最高速度，仍是武广高铁最高时速 394 km。事实上，中国的高铁速度代表了目前世界的高铁速度。作为中国第一条真正意义上的高速铁路，京津高铁从一问世就站在世界前沿，创造了运营速度、运量、节能环保、舒适度四个世界第一。

2010 年 12 月 3 日，在京沪高铁枣庄至蚌埠段进行综合试验的"和谐号"CRH380A 新一代高速动车组试车最高时速达 486.1 km！大大超过此前沪杭高铁 416.6 km 的纪录。中国再度刷新世界铁路运营速度纪录，演绎"高铁奇迹"。

根据中长期铁路网规划，当时预计到 2020 年，铁路营业里程达到 12 万 km 以上。其中：新建高速铁路达到 1.6 万 km 以上；加上其他新建铁路和既有线提速线路，我国铁路快速客运网达到 5 万 km 以上，连接所有省会城市和 50 万人口以上城市，覆盖全国 90% 以上人口。

截至 2022 年年底，中国已投入运营的高速铁路营业里程超过 40 000 km，居世界第一位，已成为世界上高速铁路系统技术最全、集成能力最强、运营里程最长、运行速度最高、在建规模最大的国家。据有关数据显示，中国平均每天开行的动车组可达 4 000 多列，运送旅客约 500 万人次。

四、中国高速铁路网规划

（一）近中期：五纵七横八连线

从 2010 年起至 2040 年，用 30 年的时间，将全国主要省市区连接起来，形成国家网络大框架。考虑现实，线路东密西疏；照顾西部，站点东疏西密。所有高铁线路的规划和建设，全部由中央政府集中组织实施，建成后的营运，交中国高铁公司集中管理。本方案除京广和京沪线外，所有线路建设应采用磁浮悬技术方案。图 1.9 为我国的高速铁路客运专线中长期规划示意图。

图 1.9 我国的高速铁路客运专线中长期规划示意图

1. 五 纵

（1）哈沪线：哈尔滨—扶余—长春—四平南—沈阳—营口—大连—烟台—青岛—日照—连云港（海州）—盐城—南通—上海。全线按以上节点只设 14 个停车站，站点之间直连。

（2）京沪线：北京—天津—沧州—德州—济南西—济宁—徐州—蚌埠—南京—无锡—上海—浦东机场。按以上节点只设 12 个停车站，站点之间直连。

（3）京港线：北京—保定—石家庄—邯郸北—安阳南—郑州—漯河—信阳北—武汉—岳阳—长沙南—衡阳—郴州—韶关—广州—深圳—九龙。全线按以上节点只设 17 个停车站，站点之间直连。

（4）集昆线：集宁—大同—朔州—忻州北—太原南—介休—临汾—韩城—西安—佛平—汉中—宁强—广元—绵阳—成都—乐山—冕宁—西昌—攀枝花—昆明。全线按以上节点只设 20 个停车站，站点之间直连。

（5）西湛线：西安—安康—万源—达州—华蓥—重庆—遵义—贵阳—都匀—独山—南丹—河池西—马山北—南宁—钦州—北海—湛江。全线按以上节点只设 17 个停车站，站点之间直连。

2. 七 横

（1）沈兰线：沈阳—盘锦—锦州—秦皇岛—唐山—北京—张家口—集宁—呼市—包头—杭锦—乌海—石嘴山—银川—青铜峡—中卫—白银—兰州。全线按以上节点只设 20 个停车站，

14

站点之间直连。

（2）青银线：青岛—潍坊—淄博—济南西—武城—衡水—石家庄—阳泉—太原南—吕梁（离石）—绥德—靖边—鄂托克—银川。全线按以上节点只设14个停车站，站点之间直连。

（3）盐西线：盐城—淮安—宿迁—徐州西—商丘—开封东—郑州—洛阳—三门峡—华阴—西安—宝鸡—天水—定西—兰州—红古—西宁。全线按以上节点只设17个停车站，站点之间直连。

（4）沪蓉线：（上海）—南京—合肥—六安—麻城—武汉—潜江—荆州—宜昌—水布垭（或五峰）—恩施—黔江—涪陵西—重庆—遂宁—成都。全线按以上节点只设15个停车站，站点之间直连。该线向东南，可经溧阳—湖州—杭州—绍兴—宁波；向东可沿江北，经扬州、泰州至南通。

（5）沪昆线：上海—嘉兴—杭州—金华—衢州—上饶—鹰潭—南昌南—新余—萍乡—长沙南—娄底—邵阳—洞口北—怀化—玉屏—凯里—都匀—贵阳—安顺—关岭—盘县—曲靖—昆明。全线按以上节点只设24个停车站，站点之间直连。

（6）沪南线：上海—宁波—台州—温州—福鼎—宁德—福州—浦田—泉州—厦门（同安）—漳州南—云霄—汕头—汕尾—惠州—广州—肇庆—云浮—郁南—梧州—桂平东—贵港—南宁。全线按以上节点只设23个停车站，站点之间直连。

（7）杭广线：杭州—金华—遂昌—龙泉—松溪—建瓯—南平—沙县—三明—永安—漳平—龙岩—永定—梅州—广州。

3．八连线

（1）津唐线：天津—唐山。

（2）开河线：开封东—菏泽—东平—济南西—滨州—东营北—河口。

（3）宁南线：南京—扬州—泰州—南通。

（4）宁宁线：南京—溧阳—湖州—杭州—绍兴—宁波。

（5）金温线：金华—丽水—温州。

（6）汉福线：武汉—黄石西—武穴（江南）—九江（县）—德安—南昌南—抚州—邵武—南平—福州。

（7）南厦线：南平—三明—大田—厦门（同安）。

（8）衡南线：衡阳—祁东—永州—全州—桂林—柳州—来宾—宾阳—南宁。

（二）远期：八纵

从2040年起至2070年，再用30年的时间，最迟到2100年前全部建成。实现东部加密、西部连通成网（即连通西部主要交通枢纽），连接全国主要交通节点城市和旅游景点，使西部地区主要城市可通达任何沿海省区。国内客运主要依靠高速铁路和高速公路。

（1）新哈沪线：哈尔滨—长春—沈阳—大连—烟台—青岛—连云港（海州）—上海。该线向东北延伸至抚远中俄边界，仍称哈沪线。

（2）京沪线：北京—天津—沧州—德州—济南西—济宁—徐州—蚌埠—南京—无锡—上海—浦东机场。

（3）大京港线：由京港线向北延伸而成。延长线大体走向是：北京—首都机场—承德—赤峰—通辽—白城—齐齐哈尔—嫩江—黑河。

（4）济茂线：该线大体走向是济南—菏泽—开封—郑州—平顶山—南阳—襄樊—荆州—武夷山—吉首—怀化—桂林—柳州—贵港—玉林—茂名。

（5）新集昆线：集宁—大同—太原南—韩城—西安—汉中—成都—西昌—昆明。该线向北延伸至二连浩特，向南经个旧到河口。仍称集昆线。

（6）徐三线：大体走向是（徐州）—合肥—安庆—景德镇—鹰潭—赣州—河源—九龙—珠海—阳江—湛江—海口—三亚。

（7）太温线：大体走向是太原—长治—焦作—郑州—周口东—阜阳—合肥—巢湖—铜陵—黄山—千岛湖—金华—温州。

（8）包湛线：西湛线从西安向北延伸，经延安榆林到包头：西安—安康—万源—达州—华蓥—重庆—遵义—贵阳—都匀—独山—南丹—河池西—马山北—南宁—钦州—北海—湛江。北延长线大体走向为：西安—铜川—黄陵—延安—靖边—榆林—鄂尔多斯—包头。

（二）中国研发真空管道磁悬浮：时速 4 000 km

时速 4 000 km，能耗不到航客机的 1/10，噪声和废气污染及事故率接近于零，这是真空管道磁悬浮列车的惊人特点。

作为新一代磁悬浮列车，真空管道磁悬浮列车将把北京与华盛顿纳入 2 h 交通圈，用数小时完成环球旅行已经成为科学家近期努力的目标。

中国在此项研究中已经走在世界前列，2007 年，该项目被列为国家自然科学基金项目，由张耀平教授等专家申请的大量相关专利已被受理，一场交通运输革命已经迫在眉睫。

据从有关部门获悉，2004 年 12 月，一场有 8 名"两院"院士参与、多名国内权威专家出席的研讨会在四川成都召开。众多学界权威参与此次会议的主要议题是——真空管道高速交通。简而言之，就是建造一条与外部空气隔绝的管道，将管内抽为真空后，在其中运行磁悬浮列车等交通工具，由于没有空气摩擦的阻碍，列车将运行至令人瞠目结舌的高速，大大缩短地球表面任意地点间的时空阻隔。管道是密封的，因此可以在海底及气候恶劣地区运行而不受任何影响。

有院士在会上指出，任何一种地面交通工具，不管是否悬浮，商业运营速度都不宜超过每小时 400 km，否则能耗大、噪声超标，难以被市场接受，这是由稠密大气层决定的。但超高速是 21 世纪地面高速交通的需求，真空（或低压）管道式地面交通是达到超高速的唯一途径，真空管道将是不可回避的选择。他提出，中国应将目标定位在发展每小时 600 km～1 000 km 的超高速地面交通上，分 4 个阶段推行，2020 年—2030 年实现运营。

还有院士认为，在石油能源高度紧张的情况下，开展超高速磁悬浮列车技术的研究更具特殊意义。他通过技术分析指出，超高速磁悬浮列车的研发，在真空度问题上并不会存在原则性困难。理论上可达 2 万 km 时速。

首先将真空管道磁悬浮概念引进中国的科学家，是毕业于西南交通大学的张耀平，在 2007 年成功申请国家自然科学基金项目"真空管道高速磁悬浮交通基础研究"后，他的研究得到了政府层面的资助。在陕西省有关方面支持下，他目前调至该省西京学院，专门组建了真空管道运输研究所，正全力推进这一"运输革命"进入现实。

最早提出真空管道磁悬浮运输概念的，是美国兰德咨询公司和麻省理工学院的专家，真正将这一运输方式落实为图纸的,是美国佛罗里达州机械工程师戴睿·奥斯特(Daryl Oster),经过多年的研究与设计,戴睿于1999年在美申请获得真空管道运输(ETT)系统发明专利。

2001年,与戴睿相识并成为密友的张耀平将这项技术首次引进中国。2002年,戴睿和妻子前往中国,帮助张耀平和同事在西南交通大学组建了专门研究机构。经过多年努力,张耀平的研究获得了中国学界和政府全方位的支持,他认为,目前这项技术所需的相关技术已经完全成熟。院士大会上专家们提出的每小时600 km～1 000 km的时速,是一个保守的对外口径,实际上所有研究者一开始就把这一运输方式的常规运行速度定位为每小时4 000 km,经过技术改进,每小时6 500 km是一个中期目标。虽现在不宜提得太高,但只要磁悬浮列车改进之后,克服技术障碍,那就相当于一颗卫星。有关人士提出,真空管道磁悬浮列车的理论极限速度接近第一宇宙速度,要达到每小时2万km是可以实现的。

中国目前在各国研究者中研究进度最快。如果国家能将这项技术上升到一定国家高度,统筹资金、技术,就能在21世纪运输革命中占得先机。

真空管道磁悬浮技术的意义,类似于当初蒸汽机取代马力,将带来划时代的变革。民航、铁路运输将被大面积取代,人类将进入更清洁、高效的旅行时代。据悉,相关研究已经克服了真空管道在建设中的实际障碍。例如:管道与管道之间的接头处,必须密封严实。另外,管道沿线有许多抽气泵站,还要为维修、检查以及紧急情况预留能打开的开口,在真空管道运输系统正常工作时,这些开口都密闭,必须保证不漏气。在沿线各车站车辆进出主管道的空气锁部位,系统连续运行时少量漏气不可避免,但闭合时的密封一定要可靠,达到相应的密封要求。管道中是真空状态,而在其中运行的磁浮车辆中必须是适宜人乘坐的大气环境,因此车辆必须具有良好的密封性。

五、中国2003年—2010年开通的部分高铁线路概况

1. 2003年(1条)

10月12日,秦沈客运专线通车,设计时速200 km,预留250 km的提速条件,全长404 km,总投资约150亿元人民币。

2. 2008年(3条)

4月18日,合宁客运专线开通,运行时速200 km,预留250 km提速条件,全长166 km,总投资250亿元人民币。

8月1日,京津城铁通车,最高时速350 km,全长120 km,投资215亿元人民币。

12月24日,胶济客运专线全线开通,速度目标值为200 km～250 km,正线长363 km,工程批复概算总额为95.8亿元人民币。

3. 2009年(5条)

4月1日,石太客运专线通车,目标时速为250 km,正线线路全长190 km,总投资130亿元人民币。

4月1日，合武铁路客运专线开通，设计时速250 km，全长356 km，总投资168亿元人民币。

9月28日，甬台温铁路通车，设计时速为200 km，预留时速可提升到250 km～300 km，设计正线全线282 km，项目总投资概算155.3亿元人民币。

9月28日，温福铁路通车，时速目标值200 km，预留250 km提速条件，全长298 km，投资概算174.8亿元人民币。

12月26日，武广客运专线建成通车，最高时速可到394 km，全长约1 069 km，投资总额1 166亿元人民币。

4. 2010年（8条）

1月28日，郑西客运专线通车，速度目标值350 km/h，正线长457 km，概算投资501亿元人民币。

4月26日，福厦铁路通车，设计速度为250 km/h，预留300 km/h，全长273 km，总投资144.2亿元人民币。

5月1日，成灌高铁通车，时速目标值200 km，线长66 km，估算总投资为69.87亿元人民币。

7月1日，沪宁城际铁路通车，时速350 km，正线全长300 km，投资估算总额394.5亿元人民币。

9月20日，昌九城际铁路通车，运行时速为250 km，全长131 km，投资总额约65亿元人民币。

10月26日，沪杭城际高速铁路通车，设计时速350 km，正线全长160 km，投资440亿元人民币。

12月30日，长吉城际铁路开通，设计时速250 km，全长108 km，总投资96亿元人民币。

12月30日，海南东环铁路通车，最高运行时速250 km，全长308 km，投资约200亿元人民币。

2010年中国高速铁路运营里程已达8 358 km。

六、中国2011年预计陆续开通的高铁线路概况

当时预计2011年中国有近5 000 km高铁投产，以下高铁陆续开通：

京沪高速铁路（北京—上海），速度350 km/h，总长度1 318 km，总投资约2 209亿元人民币。

哈大高速铁路（哈尔滨—大连），速度可达350 km/h以上，全长904 km，概算投资923亿元人民币。

京石客运专线（北京—石家庄），全长281 km，速度目标值为350 km/h，投资估算总额为438.7亿元人民币。

石武铁路客运专线（石家庄—武汉），正线全长840.7 km，设计速度目标值350 km/h，项目投资估算总额1167.6亿元人民币。

广深港高速铁路[广州—深圳（香港）]，全长 145 km，速度目标值 350 km/h，概算投资 205 亿元人民币。

津秦客运专线（天津—秦皇岛），正线轨道长度 257.429 km，速度目标值 350 km/h，概算投资 338 亿元人民币。

宁杭客运专线（南京—杭州），正线全长 248.963 km，设计时速为 350 km，投资估算总额 313.8 亿元人民币。

杭甬客运专线（杭州—宁波），全线长 149.89 km，设计时速近期为 300 km，预留开行 350 km 的条件，总投资 166.3 亿元人民币。

汉宜高速铁路（武汉—宜昌），全长 291 km，设计时速 200 km，总投资 200 亿元人民币。

合蚌客运专线（合肥—蚌埠），全长 130.67 km，设计时速 300 km 以上，最快速度能达到 350 km/h，工程投资估算为 97.5 亿元人民币。

汉孝城际铁路（武汉—孝感），全长 61.3 km，设计运行时速为 200 km，工程总投资 105.5 亿元人民币。

武咸城际铁路（武汉—咸宁），全线运营长度 90.12 km，新建正线长度 77 km。

随着这些高速铁路的开通，中国运营高铁突破 1.3 万多千米，并且初步形成覆盖全国大中城市的高速铁路网，高速铁路的布局也将基本成型。

以上高铁线路的建设表明中国高铁已经具备了自主的知识产权。

七、完全自主知识产权

中国铁道部高层 2010 年在北京表示，到目前为止，中国的高速铁路具有完全自主知识产权，中国铁路没有和任何一家国外公司产生知识产权纠纷。在高速铁车方面，中国引进了 200 km～250 km 动车组技术，在系统吸收掌握了这个成套技术以后，全面构建了它的设计、制造、维修体系。在这个基础上，中国结合自己的国情，自主研发了提升到时速 350 km 的列车。京沪高铁于 2008 年 4 月正式开工，2011 年 6 月全线正式通车，设计的最高速度为 380 km/h，后调整为 350 km/h。

八、反驳"中国高铁技术系抄袭"言论

中国的高铁技术结合自身实际，做到了集成创新，形成了自己的特点，国外关于"中国高铁技术系抄袭"的指责完全不符合实际。

全世界的创新都分为两部分，一是别人已经创造出来的，另一部分是自己结合实际所作出的创新。"发达国家可以这样做，为什么中国不可以？"

中国知识产权局相关人士指出，我国购买德日法加的技术，是按照国际规则支付了专利费的，这是合法的。消化别人的技术，结合自己的情况而创造出来的新东西，不属于抄袭。

九、高铁技术体系

2009年10月,俄罗斯联邦总理普京访华并参加上海合作组织成员国政府首脑理事会会议,两国签署中俄发展高速铁路备忘录,中国将帮助俄罗斯建设高铁。

2009年11月,美国通用电气和中国铁道部签署备忘录,双方承诺在寻求参与美国时速350 km以上的高速铁路项目方面加强合作。

2010年7月13日,巴西正式开始为建设全国第一条高速铁路招标,中国有关企业表示参加投标。7月12日到15日,阿根廷总统费尔南德斯到访中国期间,与中方签署金额高达100亿美元的多项铁道科技出口合约,这是中国近年来出口铁道科技最大的一笔交易。

有数据显示,中国生产的机车、动车及零部件遍及世界50多个国家和地区。高铁出口表明,中国在找到新经济支撑点的同时,又占据未来能源利用制高点。

铁道部一位负责同志介绍,今后几年,中国高速铁路建设将进入全面收获时期。到2020年,中国新建高速铁路将达1.6万km以上,快速客运网将达到5万km以上,连接所有省会城市和50万人口以上城市,覆盖全国90%以上人口。

有专家认为,中国的高铁技术相对于德国、日本等有3个优势:一是从工务工程、通信信号、牵引供电到客车制造等方面,中国可以一揽子出口,而这在别的国家难以做到。二是中国高铁技术层次丰富,既可以进行250 km时速的既有线改造,也可以新建350 km时速的新线路。三是中国高铁的建造成本较低,比其他国家低20%左右。

高铁让中国铁路扬眉吐气地站在了世界铁路发展前列。

高速列车是高速铁路的核心技术之一,也是世界各国在高速铁路当中竞争的制高点。正式投入武广高铁运营的首批22列和谐号CRH2型武广动车组,约占全部动车组的50%以上,都来自中国著名的"南车"。最为值得一提的是,如同武广动车组"心脏"的牵引电传动系统和"神经系统"的网络控制装置等关键技术和核心部件,均由中国南车自主研制。

曾有人好奇地问长期从事铁路机车车辆科研的专家林祜亭:火车没有方向盘,在两条轨道上尽管跑,是不是比汽车更好开呀?这位博士生导师、中国铁道科学研究院机车车辆研究所研究员呵呵一笑说,开汽车需要握好方向盘,开火车需要的是"一把闸",也就是制动调速的技术。

原来,一列火车总重达数千甚至上万吨,高速运行中惯性非常大,需要以分秒计地控制列车匀速运行,而要稳稳地将其停在站台指定点,更需要高超的制动技术。当年机车车辆研究所研发的拳头产品,正是普速机车制动机和自动监控机车运行数据的"黑匣子"。

高铁建设高潮初起之时,机车车辆研究所将主攻方向瞄准了动车组制动技术。

普速列车是由机车制动机控制车厢盘形制动,而动车组列车是由司机控制全列车空电联合制动。后者比前者系统更复杂、技术更先进。在铁道部、铁科院全力支持下,院、所投资上亿元,在中关村科技园区建立了动车组高速制动系统创新基地。经过引进、消化、吸收再创新,机辆所很快掌握了制动盘全套最新技术,而且创新二十余项具有完全自主知识产权的专利技术,占领技术创新制高点,实现了动车组列车制动盘国产化,全部用在"和谐号"动车组列车上。

十、高速铁路的意义

高速铁路之所以受到广泛青睐,在于其本身具有显著优点:缩短了旅客旅行时间,产生了巨大的社会效益;对沿线地区经济发展起到了推进和均衡作用;促进了沿线城市经济发展和国土开发;沿线企业数量增加使国税和地税相应增加;节约能源和减少环境污染。

高铁对中国工业化和城镇化的发展起到了非常重要的促进作用,促使高铁沿线中心城市与卫星城镇选择重新"布局"——以高铁中心城市辐射和带动周边城市同步发展。

中国正处在工业化和城镇化加快发展时期,高铁给沿线城市带来的高速交通优势,将使城市资源重新得到评估、定位和布局,实现周边城市在高铁圈中心城市的辐射带动下同步发展。

由于高铁通车,运力资源得到有效整合,既有铁路运力得以释放,缓解了长期以来运能与运量的紧张矛盾,更加快人流、物流、资金流、信息流等生产要素的快速流通。因此,高铁沿线城市重新受到国内外投资商的青睐,纷纷前来考察项目,投资办厂。一些"资源枯竭型"城市的开发价值,也再次评估,重新焕发出发展活力。

例如,高铁在山东德州设站,因此吸引着周边城镇纳入到德州高铁经济圈的发展中来,使城市规模布局快速扩张。毗邻德州的陵县抓住这一有利时机,主动将其纳入德州城市规模扩张布局中来,以高铁交通优势来提升陵县与德州"同城经济"的区位价值,与德州市同谋划、同发展,以特色"都市现代农业",带动全县经济社会进入"高铁时代"快车道。

2010年8月,我国计划投资50亿元的中昊创业高铁产业园在四川省广汉市经济开发区开工建设,规划将建成全国知名的高铁产品制造基地。高铁成为广汉经济发展布局的新机遇、新主题,一大批与高铁相关的产品研发项目落户高铁产业园区,大大加快了高铁科技的产业化进程。

高铁从河南荥阳穿城而过到郑州,使荥阳与郑州距离近得触手可及。荥阳市委负责同志说,我们要抓住高铁带来的城市发展新机遇,更加积极、主动地接受郑州辐射带动作用,融入到郑州城市布局中去,着力将荥阳打造成郑州市的新城区和"西花园"。

武广高铁开通之后,长沙成为长株潭"1小时经济圈"的中心城市。利用高铁客运带来的人流、物流、信息流,湖南省已承接1 600余项产业转移项目,其中138个项目投资在1 000万美元以上。将长沙打造成工程机械、汽车产业、食品工业、材料工业四个千亿产业集群,规划2012年工业总产值达到8 000亿元。湖南省为此推行涉及税收、工商、财政、人力等多个部门的34条优惠新政。

郑州高铁客运站附近的区位优势,吸引无数企业竞相进驻。国内500强企业、央企、跨国公司等战略投资者,在这里大力培育核心骨干企业,促进支柱主导产业的形成。据郑州新区管委会负责人介绍:2010年上半年,郑州新区共签约项目59个,合同总额521亿元,实际到位106亿元;新开工超亿元项目57个,其中超10亿项目13个;城镇固定资产投资205.6亿元,增长57.1%;地方财政一般预算收入21.3亿元,增长85.4%;出口总值2.8亿美元,增长105.3%。

高铁时代将使武汉成为中国"4小时经济圈"的中心城市。为此,武汉调整产业结构,围绕高铁新机遇,重新规划城市轨道交通、现代服务业、制造业和纺织业等产业发展新布局,实现高铁时代新发展。

大量数据表明,高铁沿线已经成为中国经济发展最活跃和最具潜力的地区。我们完全有理由乐观地预见，高速铁路在支撑区域协调发展、优化资源配置和产业布局、构建高效综合运输体系、降低社会物流成本、促进城镇一体化进程和经济可持续发展等方面，都将发挥巨大的作用。

十一、高速铁路对中国的意义

随着京津城际铁路、武广高速铁路、郑西高速铁路、沪宁城际高速铁路等相继开通运营，中国高铁正在引领世界高铁发展。中国高速铁路引起了国内外众多学者的深入思考。中国为什么必须建设高速铁路？短短几年中国为什么能够建成世界瞩目的高铁？高铁时代到底给中国带来了什么？ 加快发展高速铁路的呼声，中国学术界早已有之。随着时代的发展，这种呼声越来越强烈。

1992年，在中国交通运输协会和中国铁道学会召开的高速铁路发展研讨会上，专家们就指出，中国高速铁路要尽快起步。"中国比哪个国家都更需要高速铁路。对高速铁路，国民有需求，经济发展有需求，市场有需求，铁路的深层发展有需求"。

1999年，北京交通大学教授申金生指出，高速铁路作为适应现代文明和社会进步的高科技产品，是以高速度、大容量、低污染、安全可靠著称的先进的交通工具。它的采用将大大降低交通运输的社会成本，从而产生很大的社会经济效益。

进入本世纪，随着环境问题的日益严峻，专家们认为，交通运输各行业中，从单位运量的能源消耗、对环境资源的占用、对环境质量的保护、对自然环境的适应以及运营安全等方面来综合分析，铁路的优势最为明显。因此欧洲各发达国家在经历了一段曲折的道路之后，重新审视和调整其运输政策，把重点逐步移回铁路，其策略中重要的一环是规划和发展高速铁路。专家们纷纷指出，发展中国高速铁路势在必行。

1. 从运输发展理论上分析

中国加快高速铁路建设是必然要求。运输发展理论认为，运输化是工业化的重要特征之一，也是伴随工业化而发生的一种经济过程。在运输化过程中，人与货物空间位移的规模由于近代和现代运输工具的使用而急剧扩大，交通运输成为经济进入现代增长所依赖的最主要的基础产业、基础结构和环境条件。经济发展的运输化过程有一定的阶段性。在工业革命发生之前，从原始游牧经济、传统农业社会到工场手工业阶段，各国经济一直处于"前运输化"状态；与大工业对应的是运输化时期，而运输化本身的特征又在"初步运输化"和"完善运输化"这两个分阶段中得到充分发展；随着发达国家逐步向后工业经济转变，运输化的重要性在相对地位上开始让位于信息化，从而呈现出一种"后运输化"的趋势。中国的运输化仍旧处于需要扩大运输能力的初级阶段。

运输发展理论还认为，交通运输是国民经济活动的重要组成部分，它在给经济带来巨大利益的同时，也对生态环境造成了日益严重的威胁。唯一的出路是实现可持续运输。可持续运输政策所要取得的效果应该包括：保证有合适和安全的运输服务满足社会需求；提高运输系统的效率，降低对各种资源的耗用；减少运输活动对环境的各种污染；保证高速铁路这种环境友好型运输方式获得优先发展，鼓励利用公共交通和环境损害小的运输方式；推动区域之间的平衡发展，促进全社会的福利。

2. 从国情实际出发

中国加快发展高速铁路也是必然选择。

一是中国正处于经济社会持续快速发展的重要时期，铁路"瓶颈"制约矛盾非常突出。

党的十六大以来，铁路运输生产力快速发展，改革不断深化，运输效率和效益显著提高。但铁路运输能力紧张问题仍然很突出，严重不适应经济社会发展的需要，铁路网规模的扩张严重滞后于国民经济发展的速度。1978年至2007年，中国GDP由3 645亿元增加到24.95万亿元，增长了67.5倍，年均实际增长9.8%。1978年至2007年，中国工业一直保持快速增长，主要工业产品产量迅速增加，煤炭增长了3.1倍，粗钢增长了14.4倍，石油增长了79.1%，发电量增长了11.8倍，水泥增长了19.9倍，化肥增长了5.7倍。改革开放30年来，铁路虽然也取得了长足进步，但与国民经济持续快速增长相比，发展是滞后的。1978年到2007年，全国铁路营业里程从5.17万千米增长到7.8万千米，增长50.9%，年均仅增长1.4%。

二是中国正处于工业化加快形成的重要时期，铁路运输远远不能适应工业化发展的迫切要求。运输发展理论表明，铁路先行是工业化发展的重要基础，在运输化初级阶段，对铁路运输的需求更大。在运输化初级阶段生产产品所需要的原材料数量大，对铁路的依赖性强。据有关测算，生产1吨棉纱能够引起2.5吨至3吨相关运量，生产1吨水泥引起4吨至5吨的相关运量，生产1吨钢引起7吨至8吨的相关运量，生产1吨铜要引起50吨至100吨相关运量，铁路运输是降低这些产品运输成本的最优选择。据铁路统计资料显示，1999年全国煤炭产量10.45亿吨，铁路煤炭运量6.5亿吨，产运系数0.62，2007年产运系数下降到0.60；1999年钢铁产运系数0.42，2007年产运系数下降到0.21。正因为发展滞后，铁路运输能力严重不适应社会需求。许多煤炭、矿石等初级产品通过公路运输，大量消耗石油这一高级能源，不仅增加了社会运输成本，还加重了环境污染。

三是中国正处在统筹城乡和区域发展的关键时期，铁路网布局难以适应城乡和区域发展的迫切要求。

铁路作为国家重要基础设施、国民经济大动脉和大众化交通工具，在统筹城乡和区域发展中肩负重大责任。统筹城乡发展，是实现全面建设小康社会目标的难点之一。改革开放30年来，尽管中国广大农村发生了巨大变化，但与城镇相比差距仍然很大，农业的基础仍然薄弱，农村发展仍然滞后，农民增收仍然困难，城乡居民收入差距持续扩大。支持农村发展是铁路义不容辞的责任。铁路的发展，可以直接促进城镇化率的提高。据预测，到2020年，中国城镇化率将由2007年的44.9%提高到60%以上。城镇化率的提高，离不开铁路这一基础设施的支持。统筹区域发展，是全面建设小康社会的战略任务。党的十六大以来，中国初步形成了东中西优势互补、共同加快发展的可喜局面，但区域发展不平衡的问题仍然比较突出。

中国区域发展的不平衡，一个重要原因是铁路基础设施发展不平衡。西部12省区市占中国国土面积的71.5%，集中了中国50%以上的煤炭储量和81%以上的天然气储量，但进出西部的铁路能力十分紧张。没有铁路大通道的保障，实施西部大开发是难以想象的。只有在各区域之间构建起运力强大、方便快捷的铁路通道，实现人流、物流、资金流、信息流的快速流动，才能更好地把欠发达地区的资源优势转化为经济优势。

四是中国正处在可持续发展的关键阶段，铁路发展远不适应综合交通运输体系建设的迫切要求。党的十七大提出了落实科学发展观，构建资源节约型、环境友好型社会的基本国策，提出加快建设综合交通运输体系。交通运输是用地、能源消耗和污染大户，需要各种交通运输方式发挥各自优势、协调发展。铁路具有占地少、能耗低、污染小的比较优势，加快铁路发展，对于中国建立资源节约型和环境友好型的发展模式具有特殊意义。由于铁路发展滞后于其他运输方式，节约资源、有利环保的优势难以得到充分发挥。1978年至2007年，公路里程增长了3倍，民用航空航线里程增长了14.7倍，管道输油（气）里程增长了5.6倍，而同期铁路营业里程仅增长0.5倍，铁路发展明显滞后。显而易见，加快发展铁路，对于优化中国交通运输体系结构，以较小的资源和环境代价，支撑全社会的运输需求，具有非常重要的意义。

3. 世界铁路历史发展证明

高速铁路是经济社会发展的必然趋势。

自1825年英国修建了世界第一条铁路以来，由于运输速度和运输能量上的优点，铁路在很长的历史时期内成为各国的交通运输骨干。从20世纪50年代开始，公路和航空运输迅速发展，使铁路在速度上居于劣势，长途客运受航空运输排挤，短途客运被汽车运输取代，铁路进入"夕阳产业"的被动局面。然而进入20世纪70年代以后，由于能源危机、环境恶化、交通安全等问题的困扰，人们重新认识到铁路的价值。特别是高速铁路以其速度快、运能大、能耗低、污染轻等一系列的技术优势，适应了现代社会经济发展的新需求。

1964年10月，日本在东海道新干线东京至大阪高速铁路以210 km/h运行，法国在1981年修建第一条高速铁路（TGV东南线），高速铁路显示出旺盛的生命力。由于它具有明显的经济效益和社会效益，所以欧洲、北美洲和亚洲等许多国家和地区纷纷兴建、改建或规划修建高速铁路。据国际铁路联盟（UIC）的最新统计，截止到2010年5月，全世界运营中的高速铁路营业里程总长达13 414 km，这些线路分布在14个国家和地区。可以说，发展高速铁路已是当今世界铁路发展的共同趋势。

据统计，目前中国投入运营的高速铁路已达到6 800多千米。中国已成为世界上高速铁路系统技术最全、集成能力最强、运营里程最长、运行速度最高、在建规模最大的国家。高速铁路的发展在面向21世纪的中国可持续发展战略中，将产生深远的意义和影响。

十二、高铁研究基地

现代轨道交通国家实验室是层次最高的国家级实验室，依托单位是西南交通大学。涉及研究方向有：车辆设计及制造、通信与信号控制系统设计及制造、供电系统设计及制造以及道路和车站工程设计、检测、管理等方面。实验室将致力于铁路在现有基础上如何进一步提速等技术研发内容，并与中铁二院密切合作，将最新的科研成果通过中铁二院的设计进行实现。

第二章
高铁客运专线的结构组成与特点

第一节 高铁客运专线的基本组成与特点

一、高速铁路的优越性

1. 能源消耗低

以每人公里消耗能源比计算,高速铁路为1,小汽车为5.3,飞机为5.6。

2. 环境污染轻

小汽车与高速列车环境污染对比见表2.1。

表 2.1 污染对比

污染物	每人公里排放污染量(g/人公里)	
	小汽车	高速列车
CO	9.30	0.06
NO_x	1.70	0.43
CH	1.10	0.03

3. 占用土地少

一条双向四车道高速公路占地面积是双线高速铁路的1.6倍。
一个大型飞机场占地面积相当于1 000 km双线高速铁路。

4. 运输能力大

日本东海道新干线年运量1.7亿人次,是航空的10倍,高速公路的5倍,但运输成本只是其1/5及2/5。

5. 高速、安全、正点、舒适

1 000 km内乘坐高速列车比乘坐飞机花的时间少,高速列车正点率高,如日本平均误点0.8 min。

安全性高，社会运输成本最低。

6. 节约旅行时间

高速铁路大大缩短了乘客旅行时间，全国新的列车运行图实行后，旅客出行更加方便快捷。

二、高速列车——高速铁路新技术的核心

各国高速列车概况如下所述。

1. 日本高速列车

日本在东北、上越、山形、北陆、秋田、东海道、山阳地区主要使用的是STAR21的0系列到700系列，E1到E4系列高速列车。见图2.1。

图2.1 日本的700系列高速列车

2. 法国高速列车

法国主要使用的是TGV-A型系列高速列车。见图2.2。

图2.2 法国的TGV-A型系列高速列车

3. 德国高速列车

德国主要使用的是 ICE 型系列高速列车。见图 2.3。

图 2.3　德国的 ICE-1 型系列高速列车

三、高速铁道线路——实现高速的基础

1. 高标准的平纵断面设计

平纵断面设计是控制高速铁路运行的关键参数，平面曲线半径和竖曲线半径的数值直接影响到列车的运行速度。图 2.4 是为了控制高程而采用的桥涵和隧道直接相连的一段高铁线路。

图 2.4　控制纵断面高程进行的桥隧直接相连的设计

2. 高速轨道新结构——无砟轨道

高速铁路轨道基础一般采用无砟轨道方式，也有采用有砟轨道基础的。但不论哪种形式，平顺、稳定和缓冲减震效能是十分重要的。无砟轨道整体性、稳定性好，但一次性投入大、造价高，维修更换难度大。而有砟轨道基础维修更换方便，造价相对低廉，但整体稳定性较差。图 2.5、2.6 是世界主要高铁国家采用的无砟和有砟轨道基础。

图 2.5　无砟轨道基础

日本、德国大量采用无砟轨道；法国主要采用有砟轨道。见图 2.6。

图 2.6　有砟轨道结构基础

3. 高速道岔

高速铁路的道岔是高铁线路中的又一个技术难点，其设计和制造的质量直接影响到列车高速转向时的平稳性和安全。目前各国普遍采用的是减少辙叉角、加长道岔长度、消除有害空间的方法来提高列车高速转向时的平稳性和安全性。图 2.7 是应用在高速线路上的可动心轨道岔。

图 2.7 可动心轨高速道岔

4. 高速路基、路桥过渡段

高速路基主要体现在路基的施工和质量控制上，其目的是要严格控制路基的下沉和变形，以防止对线路的平面和纵断面产生影响。图 2.8 是一段高铁线路的路基地段。

图 2.8 高铁路基地段

5. 高速铁路桥梁——大刚度、小挠度

高铁的桥梁部分是高铁线路的又一大难度较大的控制性工程。其特点是工期紧、投资大、技术密集、施工难度高、质量控制严格等。因此，在跨越河流的桥梁中，世界各国都尽全力展现了各种先进的技术、施工和设计风格。图2.9是一座大跨度高铁悬索桥。

图2.9 高铁线路上的悬索桥

6. 高速铁路隧道——降低瞬变压力与微气压波

高速铁路的隧道除了要考虑施工中对于洞身平面和纵断面的位置控制外，还要考虑列车高速进洞和出洞时产生的瞬变空气压力。这种瞬变的空气压力会对隧道内的设施和列车本身产生破坏和稳定性的影响。因此，其设计对于隧道的断面形式和列车车头的形状设计都有其相互牵制和制约作用，使列车通过时达到相互的融合，减小空气压力的影响。图2.10是高铁隧道洞门的形状及施工过程。

图2.10 高铁隧道洞门形式与施工

四、高速铁路安全运行管理系统——高速铁路的神经中枢

1. 高速铁路线路监测诊断系统

高速铁路线路监测诊断系统制约体现在对于列车本身安全性的检测和诊断,其内容主要有列车车体内的供电、通信、制动、温度、通风、操控、机械故障等检测和判断。对于保证列车的自身安全起着非常重要的作用。图2.11是高速铁路线路监测诊断系统对列车车体的检测。另一方面是对线路本身的检测,包括线路轨道框架的稳定性(轨距、水平、方向、高低、平纵断面变化的加速度等)、隧道与桥梁等关键部位的检测,目前一般采用专用的轨检车进行检测。图2.12为德国高速轨检车在线路上进行检测。

图2.11　列车车体安全检测系统

图2.12　德国的高速轨检车

2. 自然灾害警报系统

自然灾害警报系统主要是应对一些突发的自然灾害,如地震、泥石流、台风、大雪、暴风雨等。自然灾害警报系统安装在线路的两侧附属设施上,当自然灾害发生时及时将信号传送给指挥中心和列车运行消息接收系统,使列车及时避开突发的自然灾害。

五、高速铁路旅客服务系统——安全、舒适、正点、便利、多样、环保

高速铁路客运服务具有安全舒适、准点稳定、快速便捷、服务多样、生态环保等特点。

第二节　郑西客运专线的组成

下面以郑西客运专线为例来说明高速铁路客运专线与高铁工务相关的组成。

郑西客运专线是我国中长期铁路规划中 10 条客运专线中徐兰客运专线（徐州—郑州—西安—宝鸡—兰州）最先开工的一段。郑西铁路客运专线为双线，线路穿越豫西山地和渭河冲积平原，南倚秦岭，北临黄河，沿线 80% 区段为黄土覆盖，湿陷性黄土区施工技术是最大的技术难题。新建郑州至西安铁路客运专线全长 484.518 km（其中正线长 456.639 km），其中：郑州站（郑西客专里程从 DK0+000 开始，相当于陇海线里程 K568+155）至郑州西站西端（郑西客专里程 DK9+600，相当于陇海线里程 K577+755）段利用既有陇海客线 9.6 km；DK9+600 至 DK501+179（相当于陇海线咸阳西站 K1004+500）新建客运专线长 474.918 km。桥梁和隧道长度占全长的 59.75%；最大年输送能力 8 340 万人，其中近期约 3 700 万人。

设计行车速度：350 km/h。按双线建设，全线占地 28 903 亩；沿线共设车站 13 个（新建 10 个），其中河南段新建新荥阳、新巩义、洛阳南、新渑池、新三门峡、新灵宝六站；陕西有新华山、新渭南、新临潼、西安北、咸阳西、（新）杨凌、五丈原、（新）宝鸡。目前已投入试运营。概算总投资（动态）546.68 亿元。

洛阳工务段管辖 K590+600~K950+620，设 2 个线路车间和 1 个桥车间，分别在龙门和三门峡，每个车间设 6 个班组。线路车间分界点是 K756+0，渑池南站。

一、钢　轨

在时速 350 km 的客运专线上采用强度等级为 880 MPa 级的 U71Mnk 钢轨；钢轨定尺采用 100 m。工地钢轨焊接，应优先采用接触焊。道岔内及两端与区间线路连接的钢轨锁定焊接，可采用铝热焊。

1. 定温度

在设计锁定温度范围内锁定。且相邻单元轨节间的锁定轨温差不应大于 5 ℃，同一单元轨节左右股钢轨的锁定温度差不应大于 3 ℃。

同一区间内单元轨节的最高与最低锁定轨温差不应大于 10 ℃。

2. 焊轨基地

钢轨打磨后采用接触焊，形成 500 m 长轨。检验合格，运往工地。图 2.13 为工厂钢轨焊接。

图 2.13 工厂钢轨焊接

长钢轨焊接好以后,一般由运轨专列拉到施工地点进行卸载和铺设,其中的锁定轨温是长钢轨中最关键的参数。图 2.14 为长钢轨在工地的铺设。

图 2.14 长钢轨在施工现场的铺设

二、无砟轨道

用钢筋混凝土及沥青混合料等代替石砟的轨道结构形式（图2.15、2.16）。

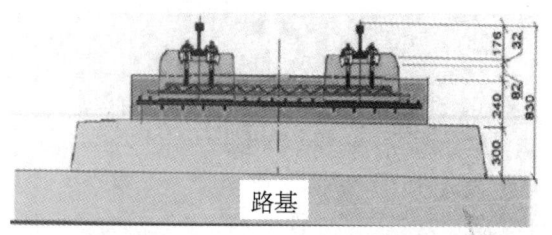

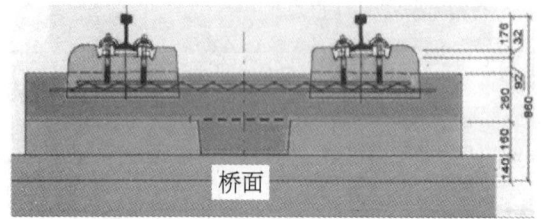

图2.15 郑西客专旭普林双块式无砟轨道

图2.16 无砟轨道布局施工图

1. 无砟轨道优缺点

优点：

（1）整体性好，减少轨道维修工作量，节省维修费用。
（2）线路纵横向阻力大，提高无缝线路稳定性。
（3）钢轨支撑均匀，线路平顺性高，舒适度好。
（4）耐久性好，服务期长（设计使用寿命60年）。
（5）结构高度比有砟轨道低，降低跨线处结构设计高程减轻梁上二期恒载约40%。

（6）不需要远运特级道砟，不出现道砟飞溅现象。

缺点：

（1）对下部基础（路基、桥隧）的变形要求高。

（2）建设期投资比有砟轨道多。

（3）噪声辐射范围相对较大。

德国规范规定，不应铺设无砟轨道的范围：

（1）在路基工后残余变形量大于扣件允许的运营调整量与轨道结构变形校正余量差值的4倍以上，或者不能排除该下沉量的路基上，不应铺设无砟轨道。

（2）在不能清楚掌握沉降危险（如地质构造活动带、矿山开采下沉区等）或者可能出现不均匀隆起（如干旱地区一些路堑）的路基上，不应铺设无砟轨道。

（3）在地下水位高于钢轨顶面下1.5 m的地段，不应铺设无砟轨道。

在这些地段铺设，要么技术上有风险，要么经济上不合理。

2. 我国无砟轨道技术研究

传统铁路无砟轨道：20世纪60至80年代，在隧道、客站、货线铺设无砟轨道约300 km。

结构形式：混凝土支承块式、单元板式、沥青混凝土铺装层与宽枕组成的整体道床、桥上试铺无砟无枕结构。工程造价比较高，基础沉降较大，损坏较多。

高速铁路无砟轨道：20世纪90年代中至今，我国进行了综合试验研究。先后在秦沈铁路的沙河大桥、赣龙铁路的枫树排隧道、渝怀铁路的鱼嘴2号隧道、遂渝铁路等铺设无砟轨道综合试验段13.157 km，自主研发单元板式、纵连板式、双块式、岔区轨枕埋入式等项目试验工程。

3. 客运专线引进无砟轨道技术

京津城际铁路引进的德国博格板式无砟轨道如图2.17所示。

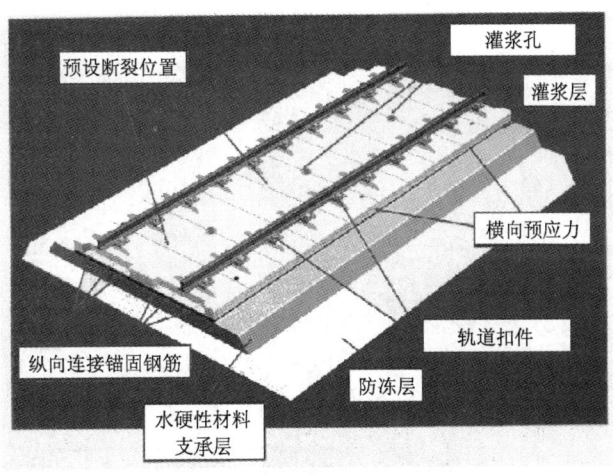

图2.17 博格板式无砟轨道

路基底面的布局施工见图2.18，轨枕板生产加工见图2.19。

（a）路基底座板钢筋

（b）桥上底座板钢筋吊装

（c）桥上底座板钢筋

（d）桥上底座板

图 2.18　路基底面的布局施工

图 2.19　轨枕板的生产加工过程

三、扣 件

在郑西客运专线上主要采用国产的 WJ-8C 新型扣件。图 2.20 是法国的福斯罗 300 扣件系统和国产的 WJ-8C 新型扣件系统的结构组装示意图。

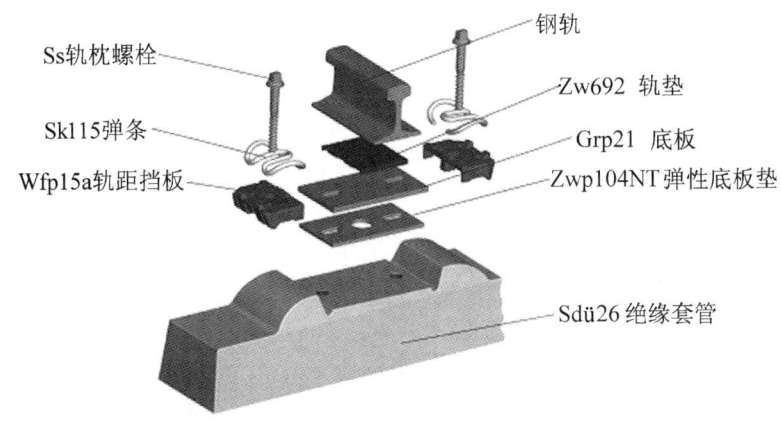

图 2.20 福斯罗 300 扣件系统

300 型扣件由弹条、绝缘垫片、轨距挡板、轨枕螺栓、绝缘套管、轨垫、铁垫板和弹性垫板组成。此外为了钢轨的高低调节的需要，还包括调高垫板。轨距最大调整量 ± 16 mm，高低最大调整量 + 56 mm、 − 4 mm。

WJ-8C 型扣件部件对轨距最大调整量 − 14 mm ~ + 14 mm，高低最大调整量 0 ~ + 30 mm。如图 2.21 所示。

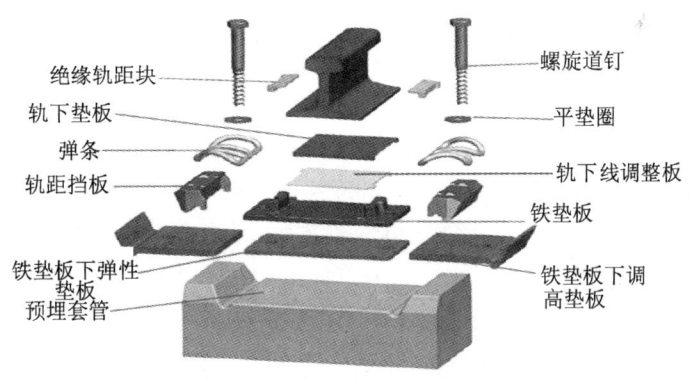

图 2.21 WJ-8C 型扣件

四、高速道岔

（一）概 述

道岔是实现机车车辆转线运行的轨道设备。由于道岔结构复杂，技术难度大，是线路中的薄弱环节，它是影响列车速度和行车安全的关键设施之一。如图 2.22 所示。

图 2.22 高速道岔

1. 高速道岔的分类

从技术系列上，可以分为自主研发、德国技术和法国技术三种类型。

按直向容许通过速度可分为时速 250 km、350 km 两种类型。

按侧向容许通过速度可分为时速 80 km、160 km、220 km 三种类型。

按道岔功能可分为正线道岔、渡线道岔和联络线道岔三种类型。

按轨下基础可分为有砟轨道及无砟轨道两种类型。无砟道岔的轨下基础分为混凝土岔枕和道岔板两种类型，但道岔本身相同。

还可按道岔号码分类，见表 2.2 ~ 2.4。

表 2.2 自主研发客运专线道岔系列表

道岔号数	18	42	62	备 注
时速 250 km 客运专线(有砟道床)	客专线(07)004	客专线(07)011		胶济
时速 350 km 客运专线(无砟道床)	客专线(07)009	客专线(07)006	客专线(08)013	武广
道岔侧向容许通过速度/(km/h)	80	160	220	

注：① 250 km 的 18 号无砟道岔为客专线；② 350 km 的有砟道岔图号为客专线。

表 2.3 德国技术的客运专线道岔系列表

道岔号数	18	39.11	50	备 注
有砟道岔	√	√	√	无
无砟道岔	√	√	√	京津武广
道岔侧向容许通过速度/（km/h）	80	160	220	

注：最近为京沪新研制了 42 号道岔。

表 2.4 法国技术的客运专线道岔系列表

道岔号数	18	41	58	备 注
有砟道岔	√	√	√	合宁线
无砟道岔	√	√	√	郑西线
道岔侧向容许通过速度/（km/h）	80	160	220	

2. 高速道岔的研发

2005 年以前，我国尚未有客运专线道岔的设计、制造、供货经验。从 2005 年开始，铁道部科技司、工管中心开始组织国内力量进行客运专线道岔的自主研发和联合攻关。2006 年年底完成了时速 250 km 18 号道岔的研制，2007 研制的时速 350 km 18 号道岔于 2008 年在武广试验段上成功铺设，通过了实车动力测试。目前侧向时速 160 km 42 号道岔正在达成线上试铺。

这些高速道岔的研制成功，标志着我国第一代高速道岔已达到了德、法两国的世界先进水平。

3. 高速道岔的供货

中铁宝桥：中国技术道岔、法国技术道岔。
中铁山桥：中国技术道岔。
中铁轨道：中国技术道岔。
新铁德奥：德国技术道岔。

4. 高速道岔的技术要求

（1）较高的容许通过速度：基本上与区间等速。
（2）高安全性：直向预留 10%、侧向 10 km/h 安全余量。
（3）高可靠性：解决不足位移、转换卡阻、检查失效等问题。
（4）较高的旅客乘坐舒适度：尽可能减小晃车，以平稳保安全。
（5）高平顺性与高精度：高速行车的基本要求。
（6）较长的使用寿命：15 年~20 年，尽可能少地更换零部件。
（7）较少的维护工作量：封闭行车，上道时间少。
（8）道岔的轨下基础与区间轨道相匹配：减少过渡段的影响。

5. 高速道岔的技术特点

（1）道岔种类较为单一，以单开道岔为主。
（2）道岔号码较大，一般在18号以上，最大可达65号。
（3）道岔要具有高平顺性、高稳定性，保证列车平稳、舒适运行。
（4）辙叉普遍采用可动心轨辙叉。
（5）道岔适用于跨区间无缝线路。
（6）电务转换采用外锁闭装置。
（7）寒冷地区的道岔需安装融雪装置。
（8）轨下基础采用混凝土长岔枕或道岔板，并与道床相匹配。
（9）道岔要具有监测系统。
（10）道岔要具有较高的制造、组装、铺设精度。
（11）道岔的铺设需要专用设备。

正是由于客运专线道岔的以上特点，使得客运专线道岔的研究具有较高的技术含量和技术难度，国外高速道岔的技术也在不断地发展之中。

（二）高速道岔设计理论

1. 高速道岔设计理念

道岔系统设计的观点：工电一体化系统。
精品道岔的设计理念：高平顺性才能确保高速度。
道岔逐组组装的要求：提高道岔精度的必需环节。
细节决定成败的理念：提高可靠性的关键。
道岔集成供货的要求：明确责任主体，提高服务质量所必需。
驻厂监造制度：批量生产质量稳定的保证。
道岔设计具有足够安全性：提高设计速度。

2. 设计关键技术

复杂的轮轨关系：钢轨的结合点影响行车安全与平稳性（图2.23）。

图 2.23 钢轨结合点

长大的可动轨件影响道岔的平顺性（图2.24）；突变的轨道刚度影响行车安全与平稳性。

（a）　　　　　　　　　　　　（b）

图 2.24　长大的可动轨件

另外还有道岔的动力学问题、可靠性问题，道岔与区间的无缝化、工电结构的一体化、平面线型与运营条件的适应化、解决转换卡阻及适应性问题，无砟轨道基础结构设计、岔桥相互作用研究设计等一系列技术难关。

（三）道岔平面线型

1. 18 号道岔

德国、法国以及我国的设计研制单位为我国客运专线所设计的时速 350 km 道岔均与其设计的时速 250 km 道岔号码及平面线型相同。侧向过岔速度为 80 km/h 的道岔平面线型及相关技术比较如表 2.5 所示。

表 2.5　侧向过岔速度 80 km/h 道岔平面线型比较

类型	中国技术	法国技术	德国技术
设计参数	1. 未被平衡的离心加速度 ≤0.5 m/s²； 2. 未被平衡的离心加速度变化率 ≤0.4 m/s³； 3. 尖轨尖端按照 1.3 m/s³ 检算	1. 未被平衡的离心加速度 ≤0.5 m/s²； 2. 未被平衡的离心加速度变化率 ≤0.4 m/s³； 3. 尖轨尖端按照 1.3 m/s³ 检算	1. 未被平衡的离心加速度 ≤0.45 m/s²； 2. 未被平衡的离心加速度时变率尖轨尖端处 0.59 m/s³
号码	18	18	18
角度	3°10′47.4″	3°10′47.4″	3°10′47.4″

续表 2.5

类型	中国技术	法国技术	德国技术
线型	单圆曲线（相离 12 mm）R1100 m	单圆曲线（相离 12 mm）R1100 m	单圆曲线 R1100 m（外股）
总长/m	69	69	69
前长/m	31.729	31.729	31.729
后长/m	37.271	37.271	37.271

从表中可见，三国所设计的侧向速度为 80 km/h 的道岔平面线型十分相似，法国还采用了我国特有的相离式平面线型设计，该设计可提高尖轨的粗壮度及耐磨性，能较好地适应客货共线运行条件。

2. 侧向高速道岔

对于侧向通过速度较高的大号码道岔，当用于渡线时，由于两反向曲线间夹直线较短，为避免列车通过圆直点和直圆点时产生的冲击振动叠加，一般采用圆曲线与缓和曲线的组合平面线型，其中缓和曲线一般采用三次抛物线（或放射螺旋线），其优点是列车通过时未被平衡的离心加速度增量是常量。

表 2.6 侧向过岔速度 160 km/h 道岔平面线型比较

类型	中国技术	法国技术	德国技术
设计参数	同表 2.7	同表 2.7	同表 2.7
号码	42	41	39.113
角度	1°21′50.13″	1°23′50″	1°27′52.39″
线型	圆曲线 R5 000 m + 抛物线	圆曲线 R4 500 m + 抛物线	缓 + 圆 + 缓曲线 10 000 m/4 000 m/∞
总长/m	157.2	140.599	136.945
前长/m	60.573	51.319	62.862
后长/m	96.627	84.280	74.083

从表 2.6 中可看出，德国采用的是缓圆缓线型，并与 FAKOP 轨距加宽设计相配合，以提高尖轨的粗壮度，该线型的优点是尖轨部分导曲线半径较大，列车侧向通过时的舒适性较好。缺点是尖轨和道岔较长，加工制造不便，尤其是尖轨前端较薄，影响尖轨的使用寿命。

我国采用的是与法国相同的圆缓线型，但我国 42 号道岔的导曲线半径大于德法两国，有利于提高侧向行车舒适性。该线型的优点是道岔长度较短，尖轨部分基本为圆曲线，加工制造相对简单。缺点是尖轨的半径较小，列车侧向通过时的舒适性相对较差。

德国、法国道岔平面见图 2.25、2.26。

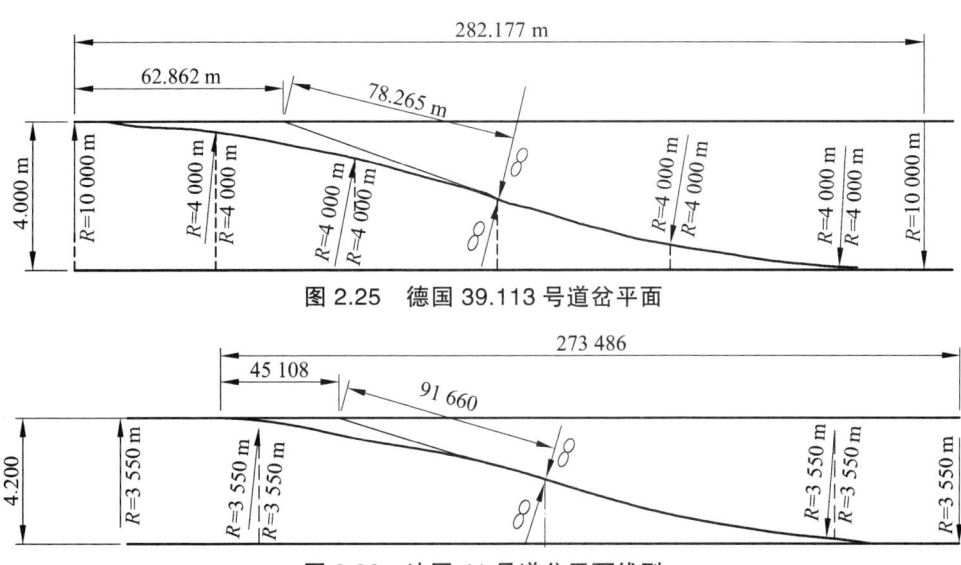

图 2.25 德国 39.113 号道岔平面

图 2.26 法国 41 号道岔平面线型

3. 岔枕布置

自主研发和法国技术的客专道岔,岔枕均垂直于道岔直股布置,德国技术的客专道岔岔枕采用扇形布置,以适应道岔的左右开。

除自主研发的客专道岔牵引点及两侧外,岔枕间距均为 600 mm。

4. 中德法三国道岔尺寸数据对比

三国道岔尺寸见表 2.7。

表 2.7 三国道岔尺寸对比

序号	道岔名称	道岔号数	道岔总长/m	前长/m	后长/m	辙叉角度	岔区道岔结构高度/mm		备注
							有砟	无砟	
1	自主研发	18	69.0	31.729	37.271	3°10′47.39″	448	415	无砟岔枕按枕顶至钢筋底部的高度计
2	自主研发	42	157.2	60.573	96.627	1°21′50.13″		415	
3	技术引进(法国)	18	69.0	31.729	37.271	3°10′47.39″	431	408	
4	技术引进(法国)	41	140.599	56.319	84.280	1°23′50″	431	408	
5	技术引进(法国)	58	214.588	91.998	122.590	0°59′15.93″	431	408	
6	BWG	18	69.0	31.729	37.271	3°10′47.39″	443	423	
7	BWG	39.113	141.114	62.862	82.421	1°34′42.74″		423	
8	BWG	50	180.000	90.481	89.519	1°08′44.67″		423	

(四) 转辙器结构

1. 钢轨类型

中法两国道岔基本轨均采用的是中国 60 kg/m 钢轨，客货共线线路上为 U75V 钢轨（抗拉强度 980 MPa），时速 350 km 客运专线上采用的是 U71MnK（抗拉强度 880 MPa），设 1:40 轨底坡。尖轨采用 60D40 钢轨，材质与基本轨相同，顶面加工 1:40 轨顶坡，跟端扭转 1:40 斜。

德国基本轨与尖轨则采用的是 60E1A1（即 Zu1-60）钢轨，钢轨材质为 R350HT 硬头轨，抗拉强度为 1 175 MPa。基本轨设 1:40 轨底坡，尖轨顶面通长加工 1:40 轨顶坡，跟端不扭转。

2. 轮轨关系

法国道岔采用轮对通过转辙器时倾角不超过 4 rad/1 000 作为尖轨顶面降低值设计标准，其直曲尖轨采用相同的顶面降低值，时速 350 km 道岔采用与时速 250 km 相同的尖轨顶面降低值。

中国道岔采用道岔动力学仿真分析理论，以提高行车舒适性和确保尖轨强度作为尖轨顶降值设计依据，时速 350 km 道岔直尖轨降低值采用了缩短轮载过渡范围和轮轨转移点来提高行车舒适性；曲尖轨与时速 250 km 道岔一样，以确保尖轨强度和适当提高行车舒适性为设计前提。

德国道岔转辙器部分采用了特有的动态轨距优化（FAKOP）技术（图 2.27），在尖轨顶宽 30 mm 处基本轨发生弯折，致使该处存在 15 mm 的轨距加宽量。该设计可使列车过岔时左右轨上存在对称的横向不平顺，可有效减缓列车过岔时的蛇行运动，同时还可增大尖轨的粗壮度，提高尖轨的耐磨性。尖轨顶降低值以保证钢轨强度及轮载平稳过渡为设计依据，时速 350 km 道岔与时速 250 km 道岔相同。

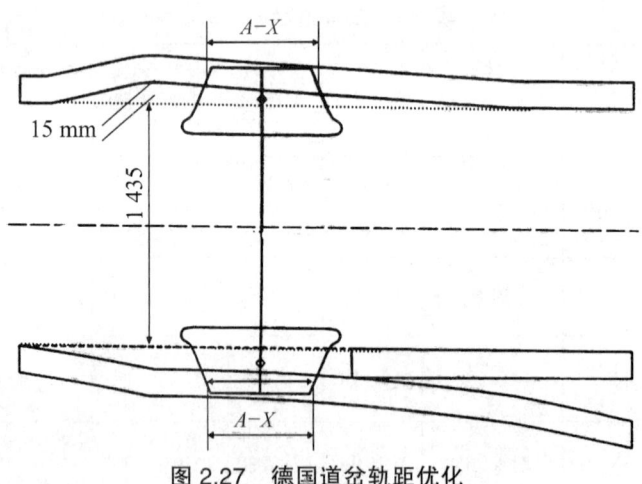

图 2.27 德国道岔轨距优化

中德法三国所设计的不同侧向速度道岔的尖轨顶面降低值均随其尖轨顶宽变化而采用了近似相同的降低值。但三个国家尖轨顶变化的过渡范围长度不同，法国技术的道岔过渡范围最长，中国时速 350km 道岔过渡范围最短（这也是法国道岔易发生晃车的主要原因）。

3. 尖轨跟端结构

尖轨跟端结构是根据无缝道岔尖轨伸缩及传力需要而设计的,受锁闭机构容许伸缩位移影响很大,中德法三国道岔尖轨跟端结构比较如表 2.8 所示,三国道岔均在跨区间无缝线路中得到了成功应用。

表 2.8 中德法三国道岔尖轨跟端结构比较

类型	号码	锁闭机构	容许尖轨伸缩位移/mm	尖轨跟端结构
中国	18	多机多点钩型外锁	25	根据温度范围设双限位器或双间隔铁
	42	多机多点自调式外锁	50	根据温度范围设双限位器或双间隔铁或无传力部件
法国	18	一机多点拐肘外锁	40	无传力部件
	41	一机多点拐肘外锁	50	无传力部件
德国	18	多机多点自调式外锁	40	1 个限位器
	39.113	多机多点自调式外锁	40	4 个限位器

4. 滑床台结构

中德法三国客运专线道岔均实现了转辙器部分基本轨的弹性扣压及辊轮转换结构,可保证基本轨的横向稳定性及尖轨转换阻力的降低。中国道岔滑床台内设置了施维格几形弹性夹,每隔 3 根~5 根岔枕设置了 1 对施维格辊轮,法国道岔滑床台内设置了科吉富几形弹性夹,每隔 4 根岔枕设置了 1 对科吉富辊轮,德国道岔滑床台两侧各设置了 1 根 BWG 弹性扣压条,每隔 4 根岔枕设置了 1 对 BWG 辊轮,3 个国家的道岔均可将尖轨转换不足位移控制在 2 mm 以内。

(五)钢轨类型与辙叉结构

中国道岔心轨采用与尖轨相同材质的 60D40 钢轨栓结而成,18 号道岔为单肢弹性可弯心轨结构(图 2.28),42 号道岔为双肢弹性可弯心轨结构;翼轨为轧制特种断面翼轨,前端机加工后与普通钢轨焊接,后端通过机加工形成普通断面,外侧采用弹条扣压。

图 2.28 单肢弹性可弯心轨 18 号道岔

1. 辙叉结构

另外，我们国家还研制了双肢弹性可弯心轨 42 号道岔。

法国道岔：心轨也采用与尖轨相同材质的 60D40 钢轨通过哈克螺栓联结而成，图 10、18 号道岔为单肢弹性可弯心轨结构，41 号道岔为双肢弹性可弯心轨结构；翼轨为整铸"摇篮式"结构，前端与普通钢轨在厂内焊接，后端焊接 A74 钢轨，外侧用竖向轨撑扣压。

德国道岔：心轨前端采用与钢轨同一材质的钢坯经机加工而成的整体结构，后端与 2 根叉跟轨拼焊，18 号道岔为单肢弹性可弯心轨结构，39.113 号道岔为双肢弹性可弯心轨结构；翼轨为普通钢轨刨切而成，外侧采用弹条扣压。

具体见图 2.90。

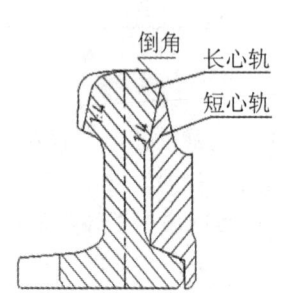 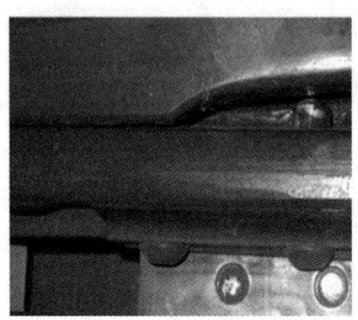

图 2.29 长、短心轨

2. 轮轨关系

同尖轨顶面降低值设计原则一样，法国道岔在心轨顶面降低值设计中仍然遵循的是轮载转移过程中轮对倾角小于 4 rad/1 000（对于时速 250 km 道岔小于 8 rad/1000）和顶宽 22 mm 断面之后、心轨与翼轨密贴点之前完成轮载过渡的设计原则。为进一步降低列车通过辙叉时的横向不平顺，采用了心轨水平藏尖式结构，18 号道岔水平藏尖量为 5 mm，41 号道岔水平藏尖量为 5.7 mm。

中国道岔心轨顶面降低值设计同尖轨一样，依据的是缩短轮载过渡段长度和采用水平藏尖结构减小横向平顺的设计原则，18、42 号道岔水平藏尖量为 9 mm。

德国道岔心轨顶面降低值设计采用的是轮廓以心轨顶面中心线对称设置和机加工顶面圆弧平顺过渡的设计原则，因而其轮载过渡范围较长，未采用水平藏尖式结构设计。

中德法三国不同号码的道岔心轨顶面降低值均随其心轨顶面宽度呈相似的变化规律。中德法三国 18 号道岔心轨顶面降低值随心轨顶宽的变化而变化。从车体横向振动加速度的比较来看，中国道岔在辙叉部分的轮轨关系设计中技术水平较高。

3. 辙叉跟端结构

中国道岔辙叉跟端采用两个双孔间隔铁将翼轨与心轨胶结的结构，辙叉后端两心轨间也采用长大间隔铁进行联结，可较好地传递岔后区间无缝线路的温度力、保持辙叉的横向稳定性和防止心轨卡阻。

法国道岔辙叉跟端采用安装空心销的弹性间隔铁将翼轨与心轨联结的结构,辙叉后端两心轨间也采用长大间隔铁进行联结,该结构在抵御岔后区间无缝线路的温度力时间隔铁各螺栓受力较均匀,还能较好地保持辙叉的横向稳定性和防止心轨卡阻。

德国18号道岔辙叉跟端为高强螺栓联结的间隔铁结构,39.113号道岔辙叉下部为通长整体大垫板,心轨—心轨、翼轨—心轨间长大间隔铁通过螺栓与大垫板联结,同时还有横向螺栓联结,能够满足抵御区间无缝线路温度力的要求和防止转换杆件与翼轨轨腰孔碰卡。

4. 心轨防跳装置

中国道岔心轨尖端设有防跳间隔铁、密贴段设有防跳卡铁、后端设有防跳顶铁来防止心轨的跳动。法国道岔心轨长度较短,仅依靠电务杆件和顶铁防跳。

德国道岔心轨长度较长,采用了心轨尖端设防跳间隔铁、后端设防止跳顶铁外,还采用了液压下拉装置等综合防跳措施。

(六)扣件系统及轨下基础

1. 扣件系统

中国有砟道岔与无砟道岔采用相同的扣件系统结构,如图2.30,采用Ⅱ型弹条和硫化铁垫板结构,轨下设5 mm橡胶垫层,板下设20 mm橡胶垫层与铁垫板硫化在一起,铁垫板与岔枕的联结采用ϕ30高强螺栓及带缓冲偏心套的结构,可降低锚固螺栓的受力点和保证垫板弹性。板下垫层设置调高垫板,可实现0~26 mm的调高量。弹条座与轨底间设置轨距块,与偏心套相结合,可实现 – 8 mm~ + 4 mm的调距量,调距精度为1 mm。

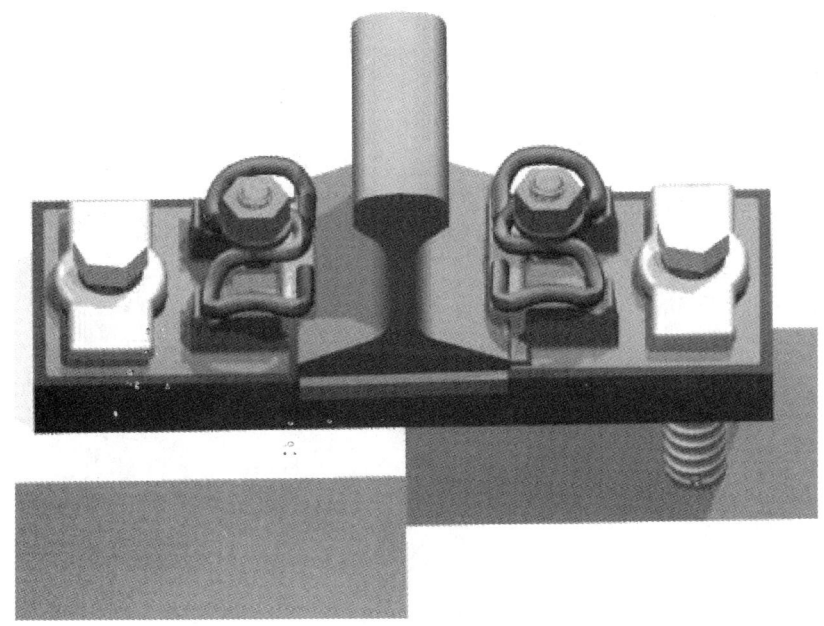

图2.30 中国扣件系统(Ⅱ型弹条)

法国无砟道岔采用VOSSLOH公司W300扣件系统,采用skl15弹条,轨下设6 mm橡胶垫层，板下设 12 mm 弹性垫层。铸铁挡肩与岔枕上的 V 形槽相配合，锚固螺栓受力点较低。如图 2.31。板下设置调高垫层，可实现 －4 mm ~ ＋26 mm 的调高量，绝缘轨距与调整垫片相配合实现轨距调整，调距量为 －4 mm ~ ＋8 mm。

德国无砟道岔采用 VOSSLOH 公司 skl12 窄型弹条，轨下设置 6 mm 橡塑垫片，采用平垫板或 1∶40 斜型垫板实现不同部位轨底坡要求；铁垫板与弹性垫层硫化成一体形成弹性基板结构；铁垫板与岔枕的联结也采用 φ30 高强螺栓及带缓冲偏心套的结构。如图 2.32 所示。板下垫层设置调高垫板，可实现 －4 mm ~ ＋26 mm 调高量。弹条座与轨底间不设置轨距块，依靠偏心锥套可实现 －12 mm ~ ＋12 mm 的调距量。其有砟道岔根据不同的运行速度要求采用不同的扣件系统，在中国尚未有应用。

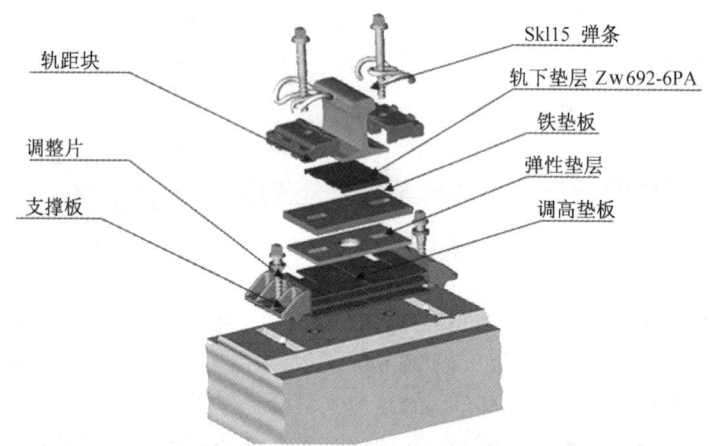

图 2.31 法国 W300 扣件系统

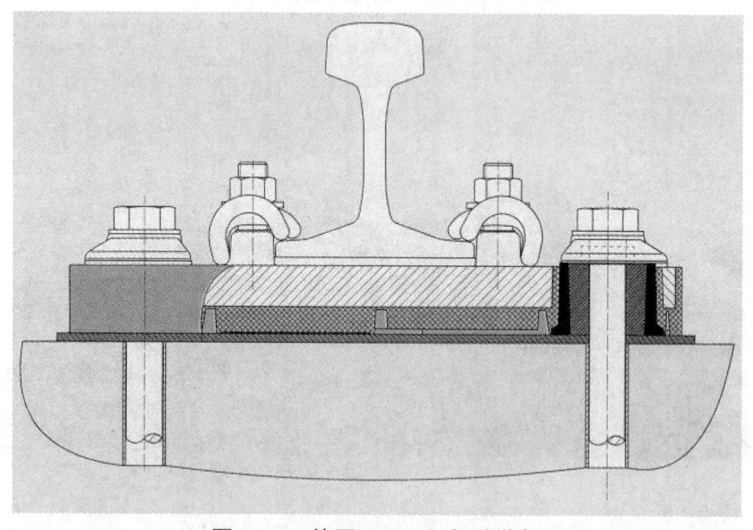

图 2.32 德国 SK112 窄型弹条

2. 岔 枕

中国有砟道岔岔枕采用了与提速岔枕相同的截面形式，顶宽 260 mm，底宽 300 mm，高 220 mm，为防止岔枕上拱影响道岔几何形位，采用了 16 根 φ7 钢筋对称布置形式，岔枕中预埋尼龙套管与钢套管组合结构,可实现尼龙套管的更换,岔枕长度为 2.3 m ~ 4.72 m。无砟道岔岔枕为带部分预应力的钢筋混凝土结构,顶宽 260 mm,底宽 290 mm,高 130 mm,安装电务转换杆件的转辙机坑附近岔枕为特殊设计,预埋有尼龙套管与钢套管组合结构。

法国有砟道岔岔枕截面形式与我国有砟道岔相同,但预留有双排锚固螺栓孔及双排转换托板安装孔,安装转换设备及杆件的岔枕为特殊设计,岔枕中预埋有尼龙套管,岔枕长度为 2.4 m ~ 4.9 m。无砟道岔采用睿铁雷达 2000 岔枕,顶宽 260 mm,底宽 295 mm,高 135 mm,岔枕上设有安装扣件挡肩座的 V 形槽,V 形槽正中位置处预埋有尼龙套管,因大部分转换杆件安装在枕中,除牵引点处岔枕在混凝土道床中位置有所降低外,岔枕结构没有采用特殊设计。岔枕长度为 2.4 m ~ 4.7 m。

德国无砟道岔采用睿铁雷达 2000 岔枕,预埋内设螺母的尼龙套管;为便于整体运输,长度大于 3.3 m 的岔枕采用铰接式结构,岔枕长度为 1.1 m ~ 3.3 m;转换杆件设置在岔枕中间,未采用德国高速铁路中将转换杆件安装在钢岔枕内的设计。有砟道岔岔枕结构尚未在中国使用。

3. 轨道刚度与过渡段

中国道岔根据不同的运营条件设计了不同的扣件系统刚度:

客货共线运行的时速 250 km 有砟、无砟道岔扣件系统静刚度设计值为 (50 ± 5) kN/mm,动静刚度比不大于 1.8;无货运的时速 250、350 km 无砟道岔扣件系统静刚度设计值为 (25 ± 2.5) kN/mm,动静刚度比不大于 1.5。

为保证列车过岔时轨道下沉位移量尽可能相等,实现轨道整体刚度的均匀化,不同部位处的扣件系统采取了不同的设计刚度,通过板下橡胶垫层的不同分块设计予以实现。在道岔前后需设置 0.5 s 列车距离的轨道刚度过渡段,实现与区间线路的均匀过渡。

道岔区轨道刚度的不均匀分布是由于道岔区"帮轨"形成的,多根钢轨的"帮轨"作用,形成岔区轨道刚度的软硬分布不均。

法国道岔采用了与区间线路相同的扣件系统刚度设计值,有砟道岔扣件系统静刚度设计值为 (65 ± 10) kN/mm,动静刚度比不大于 2.0;无砟道岔扣件系统静刚度设计值为 (26 ± 2) kN/mm,动静刚度比不大于 1.5。岔区不同部位处垫层刚度采用开孔设置进行了微调,以保证道岔整体刚度最大值不超过区间线路 1.3 倍。道岔前后未设轨道刚度过渡段。

德国无砟道岔扣件系统静刚度设计值为 (17.5 ± 1.5) kN/mm,动静刚度比不大于 1.5。辙叉部位采用更低刚度设计,岔区其他部位处无论弹性基板尺寸大小,可通过调整板中肋条的数量、位置等使其扣件系统静刚度均近似相等,设计中未考虑联结钢轨的帮轨作用。道岔前后在 25 根岔枕范围内设置轨道刚度过渡段。

三国道岔轨道刚度设计比较见表 2.9。

表 2.9 中德法三国客运专线道岔轨道刚度设计比较

类型	分类	静刚度设计值/(kN/mm)	动静刚度比	轨道刚度均匀化	过渡段设置
中国	客货共线	50 ± 5	1.8	整体刚度均匀,垫板可实现	0.5 s 走行距离
	无货运	25 ± 2.5	1.5	整体刚度均匀,垫板可实现	0.5 s 走行距离
法国	有砟轨道	65 ± 10	2.0	整体刚度偏差 30%,垫板不易实现	不设过渡段
	无砟轨道	26 ± 2	1.5	整体刚度偏差 30%,垫板不易实现	不设过渡段
德国	无砟轨道	17.5 ± 1.5	1.5	整体刚度部分均匀,垫板易实现	25 根枕范围

(七) 转换系统

1. 转辙器部分牵引方式与转换结构

中国道岔采用多机多点牵引方式，18号道岔尖轨设置3个牵引点，42号道岔设置6个牵引点，尖轨与基本轨密贴段范围内两牵引点间设置1组密贴检查器，如图2.33。

（a） （b）

图 2.33 道岔的密贴检查器部分

第一牵引点动程为 160 mm，其余各牵引点动程与距尖轨跟端的距离近似成比例关系，这样斥离尖轨的线型较好，内应力较小。尖轨采用分动钩形外锁锁闭方式，18号道岔在提速道岔的基础上对钩形外锁结构进行了优化，适应尖轨伸缩的能力有所提高，42号道岔采用了自调式钩形外锁，适应尖轨伸缩的能力有较大幅度提高。

法国道岔采用一机多点的牵引方式，如图 2.34，18号道岔尖轨设置 3个牵引点，41号

图 2.34 法国道岔一机多点牵引

道岔设置 8 个牵引点,除第一牵引点设有密贴检查器外,其他各牵引点之间均设有 Paulve 密贴检查器。第一牵引点动程为 120 mm,其余各牵引点动程与距尖轨跟端的距离近似成比例关系。尖轨第一牵引点采用 VCC 拐肘外锁,其他各牵引点依靠转换杆件实现锁闭。第一牵引点采用 MCEM91 型转辙机,锁闭机构位于岔枕顶面上,其他转换杆件位于岔枕顶面预留的凹槽内,不占用岔枕空档。

法国道岔在合宁线使用时,因一机多点转换系统的托板与岔枕为单枕悬挂联结方式(法国高速铁路上为双枕悬挂联结),且岔枕上钉孔群密集、岔枕设计中未采取特殊加强措施,尖轨转换过程中,导管中较大的纵向力传递至岔枕螺栓而导致安装电务设备的岔枕发生劈裂,影响了转换系统的稳定性。为此,在无砟道岔设计中将除第一牵引点外的其他牵引点改用了中国道岔的多机多点牵引方式及锁闭机构,目前正在试验中。

德国道岔采用多机多点牵引方式,18 号道岔尖轨设置 3 个牵引点和 3 台密贴检查器,39.113 号道岔尖轨设置 6 个牵引点和 6 台密贴检查器,在各牵引点之间和最后一牵引点与尖轨跟端间均设置 1 台密贴检查器。第一牵引点至倒数第三个牵引点转换动程均为 120 mm,最后两牵引点按距尖轨跟端距离线性设计,可较好地解决大号码道岔的同步转换问题,同时转辙机型号配置较少。各牵引点采用 HRS 自适应外锁闭装置,适应尖轨伸缩能力较强。各牵引点采用 S700K-C 型电动转辙机,转换杆件均位于岔枕间。

中德法三国道岔尖轨牵引方式与转换结构比较见表 2.10。

表 2.10　中德法三国道岔尖轨牵引方式与转换结构比较

类型	中国		法国		德国	
号码	18	42	18	41	18	39.113
牵引方式	多机多点		原为一机多点,现改为多机多点		多机多点	
牵引点	3	6	4	8	3	6
转换动程	第一牵引点 160 mm,其他各点线性设计		第一牵引点 120 mm,其他各点线性设计		第一至倒数第三牵引点 120 mm,其他各点线性设计	
密贴检查器	2个,牵引点间	4个,密贴段牵引点间	4个,第一牵引点及牵引点间	8个,第一牵引点及牵引点间	3个,牵引点间及最后牵引点后	6个,牵引点间及最后牵引点后
锁闭机构	钩形外锁	自适应外锁	第一牵引点 VCC 拐肘外锁,其他点原无,现用中国钩形外锁		HSR 型自适应外锁	
转辙机	S700K、ZDJ9、ZYJ7		第一牵引点 MCEM91,其他点原无,现为中国转辙机		S700K-C	

2. 融雪装置

寒冬季节,若道岔中存有积雪或积冰,将有可能导致斥离尖轨与基本轨间因积雪或冰块而不能转换到位,密贴尖轨或心轨因积冰而与基本轨、翼轨或滑床台板冻结而不能转换。

国外研制有各种道岔融雪系统,利用燃气加热、热水循环、管道输送热空气、盐水喷射、电加热等方式除雪除冰。

我国目前也开发出电加热方式的道岔融雪系统。

采用在道岔上安装电加热元件,并配套控制设备,通过采集钢轨温度、空气温度和积雪等信息,自动控制道岔加热系统的工作,可实现远程集中监控,动态监视环境温度、铁轨温度、降雪状态和加热融雪系统的工作状态等参数,有效适应铁路高速、安全和自动化等要求。

道岔融雪系统的特点是:

(1)电加热元件工作可靠、寿命长,在基本轨上安装直型电加热元件和在滑床板上安装的L形电加热元件均能满足道岔融雪要求。

(2)系统具有手动、自动控制和远程控制功能,能满足一般线路、干线、客运专线等不同线路的需要。

(3)直型电加热元件安装简便,对工务养护作业基本无影响。

五、路　基

高铁路基作为土工结构物进行设计施工主要有:地基处理、路基修筑、边坡支护、排水设施等,确保路基有足够强度、满足稳定性和耐久性要求等工作。高铁路基情况具体见表2.11。

表2.11　高铁路基情况

线别	京津	郑西	武广	石武	广珠	成绵峨	京沪	哈大
全长/km	115.2	258.2	968.4	506	142.2	323.2	1 317.8	903.9
路基长/km	14.2	122.8	499.9	85	3.9	162.1	236.1	212.3
比例/%	12.3	26.8	51.5	16.8	2.7	50.2	17.9	23.5

路基与桥梁、隧道、涵洞等建筑处的刚度不同,路堤与路堑的刚度也不同,因此沉降差很大。这种不同结构物的沉降差,使轨道不平顺度加大,不仅对轨道和车辆破坏很大,而且影响旅客列车舒适度。

最好能提前修筑土质路基,以便完成初始沉降(德国要求至少提前2年建造)。

不能提前建造路基时,必须采取措施。在过渡段内逐步调整路基和桥隧建筑物的不同刚度,使之尽可能呈现均匀沉降。这样建筑物刚度就能以线性形态从桥隧过渡到路基。有砟和无砟轨道之间、不同无砟轨道类型要作具体过渡段设计。

施工后沉降,对于有砟轨道:路基工后沉降量应不大于5 cm,沉降速率应小于2 cm/年,桥隧过渡段不应大于3 cm。无砟轨道:工后沉降量一般不应超过扣件允许的沉降调高量15 mm。路桥(隧)交界处,差异沉降不应大于5 mm。过渡段沉降造成路基与桥梁(隧道)的折角不应大于1/1 000。

六、桥　梁

1.特　点

建设规模大,由于高铁客运专线对于线路的平纵断面设计要求很高,因此客运专线中桥梁占有相当大的比例(表2.12)。其桥上线路的特点为:

(1)列车速度提高,桥梁结构动力效应加大。

（2）铺设无缝线路，将与桥梁共同发挥作用。
（3）保持轨道平顺性，控制结构变形更严。
（4）结构耐久性，确保使用寿命100年。
（5）安全、舒适、经济、耐久、美观。

表2.12 高铁客专桥梁情况

线别	京津	郑西	武广	石武	广珠	成绵峨	京沪	哈大
全长/km	115.2	258.2	968.4	506	142.2	323.2	1 317.8	903.9
桥长/km	101	258.7	468.5	413.6	134.1	148.9	1 066.2	681.7
比例/%	87.7	56.5	48.4	81.7	94.3	46	81	75.4

2. 设计荷载

我国客运专线建设刚刚起步，缺少实践经验，须借鉴外国经验。

研究认为，日本标准活载适用于单一的轻型高速列车体系。而欧洲普遍采用的UIC标准活载，概括了现有轻型和重型运营列车荷载，并留有发展余地，比较接近我国客运专线的情况。

经详细对比分析，我国确定客运专线铁路采用相当于0.8UIC的ZK活载。客车200 km/h和货车120 km/h共线运行的铁路桥梁设计活载采用中-活载。

除现行桥规荷载项目外，增加了3项荷载，即：长钢轨伸缩力和挠曲力、断轨力、气动力。

3. 评价行车安全性

脱轨系数　　　　　　　≤0.8
轮重减载率　　　　　　≤0.65（准静态）；0.8（动态）
轮对横向水平力　　　　≤80 kN
车体竖向振动加速度　　≤0.13g（半峰值）
车体横向振动加速度　　≤0.10g（半峰值）
桥面板在强振频率20 Hz及以下的竖向振动加速度
　有砟桥面　　　　　　≤0.35g
　无砟桥面　　　　　　≤0.5g（g为重力加速度）

图2.35 武汉天兴洲公铁两用长江大桥

武汉天兴洲公铁两用长江大桥（图2.35）：大跨度钢桥特殊结构桥梁——多种组合体系。
主桥：（98+196+504+196+98）m，双塔三索面斜拉桥，全长1 092 m。
公路六车道，铁路四线。主桁节间长14 m，桁高15.2 m，焊接整体节点。
主塔为倒Y形。桥面：铁路桥面，纵横梁体系，道砟桥面。公路桥面，主梁中部756 m钢正交异性板桥面，主梁两端各168 m混凝土结合板桥面。

图2.36 南京大胜关长江大桥

南京大胜关长江大桥见图2.36。
设计速度：300 km/h。
主桥：（108+192+336+336+192+108）m，6跨连续钢桁梁拱桥。
主桁：3片，主桁间距15 m。

图2.37 京沪高速铁路济南黄河大桥

京沪高速铁路济南黄河大桥见图2.37。
设计速度：350 km/h。
主桥：（112+3×168+112）m，等高度刚性梁柔性拱方案。

图2.38 郑州黄河公铁两用大桥

郑州黄河公铁两用大桥见图2.38。

设计速度：350 km/h。

主桥：第一联（121.05＋5×168＋121.05）m，六塔单索面部分斜拉连续钢桁梁方案；第二联（120.95＋3×120＋120.95）m，连续钢桁梁方案。上层公路六车道，下层铁路四线。

七、隧　道

空气动力效应：缓解空气动力效应是高速铁路隧道的关键技术。

郑西高铁线路的主要隧道为：函谷关隧道、秦东隧道、张茅隧道。隧道概况如表2.13。

表2.13　隧道情况

项目	隧道数/座	隧道总长度/km	隧线比	特长隧道数/（座/m）	3 km～10 km 隧道数	最长隧道 名称	最长隧道 长度	速度目标值
数据	38	77	16.8%	无	11	张茅隧道	8 483	350 km/h

洞门一般采用缓冲结构设计（图2.39），以减少和降低列车通过隧道时的空气波压力。洞门形式见图2.40。

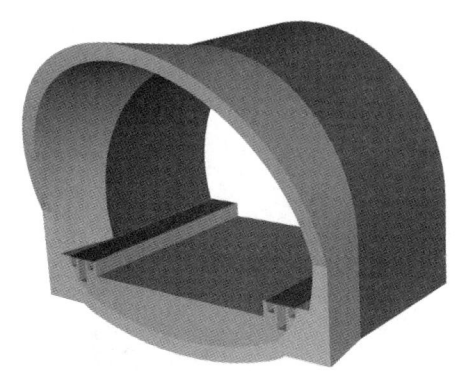

图2.39　洞门及缓冲结构设计

图2.40　不同的洞门形式

八、防灾安全监控系统

防灾安全监控系统在日本、德国、法国等拥有高速铁路的国家已广泛应用。我国郑西高铁是继京津、甬台温、福厦、武广高铁后安装使用防灾安全监控系统的，该系统是集成空气动力学、工程气象学、统计学、故障安全以及计算机网络等技术于一体的系统，具有风速风向监测、雨量监测和公跨铁坠落异物监控功能，并预留地震和雪深监测子系统。

（一）防灾安全监控系统总体结构概述

郑西高铁防灾安全监控系统根据沿线的气象、地质条件以及线路环境、运营速度，选用相应的子系统，合理地构建郑西高铁防灾安全监控系统。

郑西高铁安全防灾监控系统由风、雨以及异物侵限现场监测设备，现场监控单元，监控数据处理设备，调度所设备，传输及网络设备等组成。

1. 现场监测设备

现场监测设备由风速风向计（含气温、气压）、雨量计、异物侵限监测设备组成（图2.41）。

图 2.41 安装在接触网线杆上的监测设备

2. 现场监控单元

监控单元采用模块化结构，能够根据需要完成风速风向、降雨量监测数据的现场采集、初步分析和处理以及异物侵限传感器的实时状态监测。将风速风向、降雨量以及异物侵限监测传感器的实时状态信息传送至监控数据处理设备。触发列控、联锁系统及牵引供电系统，使列车紧急制动、接触网停电。监控单元具备自检对监测设备工作状态的检测功能，实现故障诊断、定位及报警；同时能够将故障信息上传至监控数据处理设备并接受监控数据处理的集中检测管理。

3. 监控数据处理设备

监控数据处理设备由数据库服务器、应用服务器、存储设备、工务终端、维护终端、网络设备以及打印机组成。

监控数据处理设备能够接收管辖区内的各监控单元上传的风速风向、降雨量、异物侵限监测数据及设备工作状态信息。按设定的报警门限值和业务处理规程，对风、雨、限物侵限等灾害的监测信息进行综合分析处理，根据灾害强度，生成各类报警、预警信息以及相应的行车管制预案并在工务终端上生成文本、图像显示及音响报警；同时将风、雨、异物侵限等灾害的报警、预警信息以及相应的行车管制预案传送至调度所防灾终端。

4. 调度所设备

调度所设备由防灾终端、通信接口设备组成。

防灾终端以文本、图形等方式显示风、雨、异物侵限等灾害的报警、预警信息及相应的行车管制预案，并提供音响报警。利用通信接口设备实现与 CTC 系统、运营调度系统接口，传送相关信息。

5. 传输及网络设备

防灾安全监控系统带宽不低于 2 Mbps 的业务专网，传输网络采用双以太网、TCP/IP 协议网络结构，为确保传输及网络的可靠性，双网络通道分别接入不同的业务板卡。

（二）防灾安全监控系统的运用管理

郑西高铁在洛阳工务段管内共安装了 42 处风雨监测点（其中 17 处大风监测点、25 处风监测点与雨量监测点合并的风雨测点）、110 处异物侵限监测点，防灾安全监控终端设在洛阳工务段调度，防灾监控终端显示郑西高铁在洛阳管段内风雨监测点和异物侵限监测点实时状态。

风雨监测设备采用专用安装装置安装在郑西高铁的上行线接触网支柱上，其中风速风向仪安装装置指向线路外侧。在环境风速不大于 15 m/s 时，终端显示为绿色，动车正常速度运行；风速不大于 20 m/s 时，终端显示为蓝色，运行速度不大于 300 km/h；风速不大于 25 m/s 时，终端显示为黄色，运行速度不大于 200 km/h；风速不大于 30 m/s 时，终端显示为橙色，运行速度不大于 120 km/h；风速大于 30 m/s 时，终端显示为红色，严禁动车组列车进入风区。

当降雨量达到警戒值时，防灾安全监控系统监控终端自动报警，列车调度员根据报警信息立即向相关列车发布限速调度命令，段调度根据降雨量报警信息，及时通知车间、班组进行雨中、雨后检查。

当现场异物侵限监测点发生异物侵限时，段调度终端在主界面中相应监测点所在区段变为红色、电网红、黑交替闪烁，防灾安全监控系统同时向列控系统发送灾害报警信息，使进入相关闭塞分区内的列车自动停车。段调度应立即通知相关车间、班组赶往现场进行抢修，驻站人员及时登记，经现场抢修人员确认线路具备开通条件后，防灾安全监控系统复原后消点，恢复系统正常运行状态。

九、郑西高铁工务工作的主要特点

作业方法：动静结合、人机互控、重检慎修。

作业的主要特点：
（1）实行人员、机具进出网确认制度。
（2）全部在夜间进行作业。
（3）作业要求精度高。
（4）实行作业逐级审批制度。
（5）运用了先进的检查设备。

第三章
高铁客运专线的维修标准与作业制度

安全问题是高铁客运的生命线,如果运输安全得不到保证,无论速度有多高,高铁运输也会失去其价值和意义。而高铁运输安全往往与施工和养护维修密不可分,其关键是对于施工与养护维修安全制度的重视与建设。

第一节 高铁施工安全管理制度
[施工及安全管理办法(试行)]

第一部分 总 则

第1条 为加强高铁客运专线(以下简称高铁客专)的施工安全管理及天窗修工作,确保高铁客专的行车和施工安全,根据铁道部《关于印发〈铁路营业线施工及安全管理办法〉的通知》(铁办〔2008〕190号)、《关于印发〈铁路客运专线技术管理办法(试行)〉的通知》(300 km/h~350 km/h部分)(铁科技〔2009〕212号)、《关于印发〈铁路客运专线跨局调度指挥管理办法〉的通知》(铁运〔2009〕215号)和《高铁客运专线行车组织细则》,结合高铁实际情况,特制定本办法。

第2条 本办法适用于高铁管内高铁客专设备的施工组织。

第3条 高铁客专施工必须把确保铁路交通安全放在首位,坚持"安全第一,预防为主、综合治理"的方针,建设、设计、施工、监理、行车组织、设备管理等单位和部门必须严格遵守和执行《中华人民共和国安全生产法》、《铁路运输安全保护条例》、《建设工程安全生产管理条例》、《铁路交通事故应急救援和调查处理条例》等有关法律、法规。高铁客专实行天窗修,必须严格遵守"行车不施工、施工不行车"的原则,影响高铁客专设备稳定、使用和行车安全的各项施工和维修作业,必须在固定的天窗时间内进行。对影响行车和施工安全的每个环节,都必须强化管理,确保行车和施工安全。

第4条 高铁客专施工必须坚持运输、施工兼顾的原则,加强施工计划管理,切实加强施工组织和施工期间的运输组织。积极推广使用先进的施工机具和科学的施工方法,提高施工作业效率,按计划、有组织地进行各项施工。

第二部分 施工范围

第5条 高铁客专施工系指所有影响设备稳定、设备使用和行车安全的各种施工,分为施工作业和维修作业,主要项目如下:

1. 施工作业

（1）线路及站场设备技术改造施工。

（2）跨越、穿越线路、站场，架设、铺设桥梁、人行过道、管道、渡槽和电力线路、通信线路、油气管线等设施的施工。

（3）在线路安全保护区内架设、铺设管道、渡槽和电力线路、通信线路、油气管线等设施的施工。

（4）在规定的安全区域内实施爆破作业，在线路隐蔽工程（含通信、信号、电力电缆径路）上作业，影响路基稳定的各种施工。

（5）在信号、联锁、闭塞、CTC、列控、通信、信息等行车设备上的大中修施工作业。

（6）线路大中修，路基、桥隧大修及大型养路机械施工作业。

（7）接触网、变电所新建、改造作业。

2. 维修作业

作业开始前不需限速，结束后须达到正常放行列车条件。主要项目见附件1。

第 6 条　高铁客专封闭栅栏以外、桥面以下不影响行车安全和基础稳定的巡视、检查、保养、整修作业，可在天窗点外进行，具体项目见附件 2。其他所有的施工和维修作业，都必须在天窗点内进行。

第三部分　施工等级划分

第 7 条　高铁客专施工等级分为三级。

1. 一级施工项目

大型站场改造、新线引入施工。

大型换梁施工。

大型上跨铁路结构物施工。

穿越线路、站场的桥梁、涵洞、管道施工。

路基下沉整治。

2. 二级施工项目

小型换梁施工。

小型上跨铁路结构物施工。

更换道岔、成段换轨、大机换砟、岔区换砟、成段换枕。

成组更换钢轨伸缩调节器。

3. 三级施工项目

成段更换零扣件。

大机维修捣固、钢轨打磨、道岔打磨。

现场浇铸及更换轨枕。

更换伤损设备（未焊接）。

除一级、二级施工以外的施工作业。

第四部分　天窗管理

第 8 条　高铁客专天窗管理依照段《高铁客专天窗管理办法》执行。

第五部分 施工组织领导

第 9 条 为加强高铁客专施工的组织领导，按设备管辖范围，段、客专车间针对每次施工应成立相应的施工领导小组。

一级施工由铁路局主管运输副局长、有关主管副局长担任施工领导小组正、副组长，成员由行车组织、设备管理、建设、设计、施工、监理、总工室、安监室等有关部门和单位负责人组成。

二级施工由铁路局运输处、有关业务处主管副处长担任正、副组长，成员由行车组织、设备管理、建设、设计、施工、监理、总工室、安监室等有关部门和单位主管人员组成。

三级施工，主体施工站段领导和相关人员必须到位包保，配合单位指定人员到位督导。

第 10 条 施工领导小组的职责：

（1）施工领导小组负责审定相应施工等级的施工方案、施工过渡方案、施工安全措施。

（2）负责组织相关部门和单位协调解决营业线施工、运输、安全等问题，做到运输、施工统筹兼顾，确保行车和施工安全。

（3）负责施工的组织协调工作。检查施工前的准备工作，检查各项安全措施的落实，掌握施工进度，维护施工期间的运输秩序，协调解决施工各部门临时发生的问题。

（4）负责对施工进行全面总结。

第 11 条 施工现场由施工单位明确施工负责人；两个及以上施工单位综合利用天窗在同一区间作业时，由段施工领导小组指定施工主体单位，明确主体施工负责人。主体施工负责人负责协调各单位施工组织，并对施工现场的施工安全负责。各单位必须服从施工负责人指挥，按时完成施工和维修任务，确保达到规定的列车放行条件。

第 12 条 高铁客专设备高铁管辖范围内，纳入营业线天窗修管理。段天窗修领导小组、天窗修管理办公室要加强对高铁客专天窗修管理和考核工作，检查指导有关单位实施天窗修基础管理、现场作业及安全措施的制定和落实，协调、解决天窗修出现的问题，负责考核天窗兑现率和利用率，定期总结工作，不断提高天窗修质量。

第六部分 施工计划的编制和审批

第 13 条 高铁客专施工实行铁道部、铁路局、车务段（直属站）分级管理、逐级审批制度。

（1）铁道部审批的施工计划：

① 影响跨局旅客列车停运、变更运行区段、改变始发终到时刻和局间分界站运行时刻。

② 编制跨局施工分号列车运行图。

③ 封锁正线 240 min 以上、影响全站（全场）信联闭 240 min 以上的施工。

铁道部审批的施工计划，应明确施工项目、时间、地点、工作量概况、跨局运输调整措施，并提出相关要求。

（2）铁道部负责审批的施工计划以外的施工及维修天窗，全部由铁路局负责审批。

（3）车务段（直属站）负责维修天窗作业计划的编制。

第 14 条 高铁客专施工按规定须铁道部审批时，由铁路局主管领导亲自组织研究，提出施工方案、运输组织和安全措施等报铁道部运输局。根据施工对运输的影响情况，运输局组织相关铁路局及施工单位进行专题研究审定。

第 15 条 影响行车或影响行车设备稳定、使用的施工项目未经申报批准严禁施工,擅自施工或擅自扩大施工内容和范围的,一经发现立即停工并追究施工单位责任。

第 16 条 高铁客专施工计划分为月度施工计划和施工日计划。

第 17 条 郑州、西安铁路局运输处负责组织编制本局设备管辖范围内的月度施工计划,格式按照铁道部的相关规定,程序如下:

客专科应于每月 7 日前将次月施工计划上报铁路局主管业务处,其中,建设项目施工计划应先报项目管理机构预审,再报主管业务处。

第 18 条 在线间距不足 6.5 m 地段进行成段更换钢轨及轨枕、成组更换道岔,邻线列车应限速 160 km/h 及以下,并按规定进行防护。

第七部分 计划变更及临时施工

第 19 条 高铁客专未纳入月度施工计划的施工项目原则上不准进行施工。特殊情况必须施工时,按设备管辖范围,由施工单位提出施工申请,并签订安全协议,制定安全措施,通过主管业务处审查,经主管运输副局长(总调度长)批准,由运输处安排施工,以路局电报形式批复。

第 20 条 月度施工计划原则上不准变更。特殊情况必须进行调整时,由施工单位提前 5 天向设备管辖局主管业务处和运输处提出书面申请,由运输处调整施工计划,以路局电报形式批复。

第 21 条 对突发性设备故障和灾害的紧急抢修及轨道状态超过临时补修标准处所的临时补修等临时封锁要点施工。按下列程序办理:

(1)需临时封锁要点时,由段客专科向局工务处提出书面申请,工务处审查,经郑州局主管运输副局长(总调度长)批准后,由郑州局调度所安排施工。

(2)危及行车安全需立即抢修时,相应客专车间按规定登记,通过车站值班员报告高铁客专列车调度员,经郑州局调度所值班主任批准,发布调度命令进行抢修。设备管理单位同时通知配合单位和设备管辖局主管业务处。

第 22 条 天窗时间以外需要对严重危及行车安全的设备隐患及严重线路病害进行临时应急处理时,应安排临时垂直封锁点进行;不能安排垂直封锁点时,邻线动车组必须限速 160 km/h 及以下。

第 23 条 抢修作业时,邻线动车组接近前 10 min,作业本线防护人员通知现场作业负责人员停止作业、下道避车(可在防护栅栏内避车)。作业机具、材料等严禁摆放在两线间且不得侵限。

第八部分 维修天窗的组织实施

第 24 条 维修天窗内安排的作业项目,其条件是作业开始前不需限速,结束后须达到正常放行列车条件,并且在维修天窗时间内能完成的项目。同一区间当日安排有施工天窗时,维修作业应在施工天窗内完成,不再安排维修天窗。

第 25 条 作业单位于维修前 3 日将维修作业申请计划报主管业务处,经主管业务处审核(盖章),于维修前 2 日 9 时报郑州局调度所施工调度室。

维修天窗计划内容包括:作业项目、地点、时间、次数、影响(停电)范围、路用列车开行计划、施工负责人、配合单位等。

维修天窗计划一经下达原则上不能变更。因特殊情况及临时任务需变更时，由客专科提前一天向车务段（直属站）提出书面申请。

车务段（直属站）负责每周四召开的维修天窗协调会议，由客专科派人参加，协调解决现场作业中存在的问题。

第九部分 施工和维修登销记程序

第 26 条 高铁各站调度台设置《行车设备施工登记簿》、《行车设备检查登记簿》（以下简称运统-46）一套。

第 27 条 高铁各车间每个站区必须指定一名具有协调能力、熟悉作业情况的负责人员，作为本部门作业单位的驻站联络员。驻站联络员在各车站行车监控室办理登销记手续，并负责向作业单位（配合单位）作业负责人传达有关的调度命令。

在车站和区间进行作业时，现场施工负责人应确认已做好一切施工准备。驻站联络员于天窗点前 1 h 在车站运统-46 内登记完毕。

第 28 条 现场作业负责人须将调度命令传达到各个现场作业面负责人；现场作业负责人确认调度命令内容后，方可进行作业。

第 29 条 各作业工区在施工或维修作业完毕后，须及时向工务驻站联络员报告。驻站联络员在车站办理登销记手续。

作业工区应在实际施工调度命令的起止时间内完成施工作业，施工单位作业完成后，经施工负责人检查达到放行列车条件，由驻站联络员办理开通登记（施工销记），客专调度员发布施工结束调度命令，并在运统-46 内签认。

第 30 条 各客专车间、工区应在施工地点设现场防护员，现场防护员应由经过考试合格的人员担当。客专调度台施工联络员与现场防护员要保持随时通信状态，掌握施工现场和列车运行情况，发现异常及时通知高铁驻站联络员调度员和施工负责人。

第十部分 施工安全

第 31 条 各客专车间、工区施工（作业）人员进入封闭栅栏内施工时，必须对人员、机具、工具、材料列表登记，施工完毕后由施工负责人核对清点，并按规定时间撤离封闭栅栏以外。因施工临时拆除封闭栅栏时，由施工车间或工区设置临时防护设施并昼夜派人看守。

线路备用轨料应在车站范围内码放整齐，线路两侧散落的旧轨料、废土废渣应及时清理。因施工等原因线路临时摆放的轨料，要码放整齐，并置于两侧的封闭栅栏内。

第 32 条 施工路用电车应按规定配备运行控制设备，按地面信号机显示运行。运行控制设备故障时，路用电车不得上线运行。路用电车上线运行应纳入施工计划，并向调度所提供《自轮运转特种设备运行、作业计划表》，注明发站、到站、编组、运行径路、作业地点及转线计划。

第 33 条 使用带 T 字的移动减速信号牌进行防护时，动车组列车的防护距离为 1 400 m。

第 34 条 天窗内所有影响作业车运行的施工和维修作业必须在作业车通过后方可进行，并须在作业车返回前结束。

第 35 条 天窗（或封锁时间）以外，任何人员禁止进入防护栅栏或桥面。

第 36 条　各客专线、桥车间，要制定夜间作业办法。作业前，应检查照明设备性能是否安全可靠，电源是否充足；作业时，要保证整个作业区段的可视程度和每个作业组在关键处所的照明强度；照明设备应有专人看管、放置稳固；照明设备不良或配备不足时，严禁进行作业。

第 37 条　客专车间、工区在客运专线进行施工、维修作业，需接触网停电时，必须分别得到施工调度命令、接触网停电调度命令，并由供电人员进行验电确认接触网已停电后，方可进行施工及检修作业。

第 38 条　需相关单位配合作业时，段客专科要提前一天书面通知配合单位，说明详细作业内容、配合内容。

第二节　高铁客专材料工具管理制度
[管理办法（试行）]

一、加强领导，成立组织

高铁客专列车时速高达每小时 350 km，给工务管理带来了新的课题，为确保高铁客专安全运营，进一步规范材料工具管理，成立高铁客专物资管理领导小组：

组长：段长。

副组长：主管副段长。

组员：各技术科长、材料科长、安监科长、纪委副书记、行政监察主任。

下设办公室，办公室成员由物资计划员、设备主管工程师、客专主管工程师、物资采购员等组成，负责对客专所需物资的计划、采购、运送、使用检查、回收等全面管理，确保生产顺利开展。

二、物资的计划与采购

（1）物资采购计划由主管工程师根据生产需要进行提报和立项，经主管科长和段长审批后将所需材料计划、品名、数量、规格、生产厂家及技术要求及时报材料科。

（2）物资采购除严格按《物资设备集中采购管理办法》执行外，采购中要重点把好新产品的质量关、技术保证关和售后服务关，确保生产需要。

（3）未经主管工程师和领导批准，严禁采购非标产品或其他替代品。

三、材料的审批流程及时限

（1）维修用料：根据段下达月度生产任务，由各车间编制月度《生产用料申请计划》，于当月 27 日前上报至材料科物资计划员，物资计划员汇总编制《物资采购计划表》，于当月 30 日前报材料科长审批，于次月 10 日前备齐料后通知客专车间领料。

（2）综合机修车间和探伤车间用料：根据车间生产任务，编制《生产用料申请计划》，经科目主管审核并确定费用后，提前5至7天报材料科。

（3）临时生产用料：因生产任务变更或临时追加生产任务而需要的材料，科目主管可直接向材料科长申报生产临时用料。生产临时用料计划提报时间应提前3至5天；工程临时用料申请计划提报时间一般不少于3天。

（4）备用料的管理。所用的备用钢轨、岔心、尖轨应定点分别存放在各个车站存料区，下道的路料应及时回收，区间、路肩、两线间不得有路料存在。

四、班组材料的管理与使用

（1）工区设材料管理员，对工区的材料实行全面责任管理。

（2）工区应设材料专用库房，将材料分类存放，定置管理，达到标签清晰，账、卡、物三相符。

（3）建立严格的出入库制度，对每天生产用料要认真核对，新旧料数量要相符，管理要统一。

（4）备用轨料、岔心、尖轨要严格按规定存放。对于更换下道的路料，不得随意堆放，要及时清理现场，不留任何安全隐患。

（5）车间应重视工区材料管理工作，定期进行检查指导，督促工区按照自控型班组标准对材料房进行创建。

（6）每月结合生产任务验收一并对各工区的材料房进行检查考核，奖优罚劣。

五、班组工具、机具的管理

（1）工区要设专门库房存放工具、机具，且有专人负责日常管理。

（2）工具、机具要分类存放，定期进行检查保养。

（3）所有上道作业的工机具要分类编码，便于日常管理和每日作业前后清点，没有编码的工机具一律不得上道，夜间上道的工具、机具要在表面粘贴反光标志。

（4）施工负责人每天上下道要及时清点工具并做好签认，保证作业后现场不遗留任何工机具。

六、旧路料的管理

（1）旧路料实行数量管理，即领多少新料相应要上交多少旧料，每日作业后所有旧料不得随意扔弃，要整理好带回工区堆码存放并做好记录。

（2）车间工区负责对管内零星旧路料的回收，做好建账管理和日常看护工作。

（3）所有旧路料车间、工区不得处理和变卖，如发现按有关规定处理。

七、其　他

未尽事宜按相关《物资设备集中采购管理办法》、《材料管理办法》、《仓库管理标准》、《废旧轨料管理办法》执行。

第三节 高铁客专内业管理制度
[线桥车间班组内业管理标准(试行)]

为规范高铁车间、班组的内业管理,为安全生产提供可靠保障,段结合实际,经过调研,特制订高铁线桥车间、班组台账设置及填写办法、台账资料定置管理标准。

附件:
1. 高铁车间班组台账、表格明细
2. 高铁线路车间内业管理标准
3. 高铁线路班组内业管理标准
4. 高铁桥隧车间内业管理标准
5. 高铁桥隧班组内业管理标准
6. 高铁线路车间、班组文件柜管理定置图
7. 高铁桥隧车间、班组文件柜管理定置图
8. 高铁班组综合记录簿填写要求及范例
9. 高铁班组工作日志簿填写要求及范例
10. 施工维修作业防护登记簿填写说明
11. 高铁线路车间、班组作业用表
12. 高铁进出网作业人员及工机具数量确认表填写说明

附件1(样表):

高铁线桥车间班组台账、表格明细

序号	类别	台账(表格)名称	车间	班组	备注
1	通用	车间综合台账	●		
2		行车设备综合天窗修、施工作业预报及值班登记	●		
3		安全生产问题库	●	●	
4		班组综合记录簿		●	
5		施工维修作业防护登记簿		●	
6		设备台账	●	●	
7		职工情况登记表	●	●	
8		职工教育台账	●	●	
9		家具备品台账	●	●	
10		工具备品台账	●	●	
11		材料备品台账	●	●	
12		机械设备台账	●	●	
13		机械设备运转记录簿		●	
14		党、工、团台账	●	●	

续表

序号	类别	台账（表格）名称	车间	班组	备注
15	线路	线路班组工作日志		●	
16		伤损设备及处理台账	●	●	
17		线路检查记录簿	●	●	
18		道岔检查记录簿	●	●	
19		高铁客专道岔病害检查记录表		●	94号附件11
20		高铁客专道岔病害分析、回检记录表	●	●	94号附件8
21		高铁客专线路病害检查记录表		●	94号附件9
22		高铁客专线路病害分析、回检记录表	●	●	94号附件6
23		高铁客专线路病害检查记录表-WJ-8扣件		●	94号附件10
24		高铁客专线路病害分析、回检记录表-WJ-8扣件	●	●	94号附件7
25		高铁客专进出网作业人员及工机具数量确认表		●	94号附件13
26		高铁客专进出网记录表	●		
27		高铁客专施工作业方案审核表（段审批）	●	●	94号附件5
28		高铁客专作业登记本	●	●	94号附件4
29		高铁客专作业通知单	●	●	94号附件3
30		高铁客专维修日计划	●	●	94号附件12
31	桥隧	桥隧班组工作日志		●	
32		隧道检查记录簿	●	●	
33		涵渠检查记录簿	●	●	
34		桥梁检查记录簿（一）	●	●	
35		桥梁检查记录簿（二）	●	●	
36		桥梁检查记录簿（三）	●	●	
37		路基病害登记簿	●	●	

说明：表中94号附件是指高铁〔2010〕94号。

附件2（样表）：

高铁线路车间内业管理标准

卷名	序号	内容	填写标准	责任科室	车间责任人
一、文件卷	1	局发文件	记名式传达和非记名式传达文件要分类存放	行政办公室、党群办公室、安全调度科、客专技术科、职工教育科	主任
	2	段发文件	记名式传达和非记名式传达文件要分类存放		
二、电文通知卷	3	上级电报	对收到的电报按记名式传达和非记名式传达，及时进行登记、传达、存放		
	4	各级通知	对收到的通知按记名式传达和非记名式传达，及时进行登记、传达、存放		
	5	信息通报	对收到的通报按记名式传达和非记名式传达，及时进行登记、传达、存放		
三、规章制度卷	6	各种规章	包括上级下发的各种规章		
	7	车间管理制度	车间各项制度、措施。要求装订整齐，规范管理，及时补充、更新		

续表

卷 名	序号	内 容	填写标准	责任科室	车间责任人
四、安全管理卷	8	车间综合记录簿	按填写说明填写	各科室	主任
	9	行车设备综合天窗修、施工作业预报及值班登记簿	按填写说明填写	安全调度科	安全员
	10	安全生产问题库	1. 安全生产问题库分为车间、班组可自行解决的问题和需上级解决问题（车间、班组无力解决的问题）两类。 2. 问题消号情况必须做到"四有三对照"		
	11	"三防"工作细化措施			
	12	冬季道岔除雪防冻工作预案			
	13	伤损设备及处理情况登记簿	按要求填写，实行动态管理，及时登记消号		
五、设备检查卷（当月）	14	线路检查记录簿		客专技术科	副主任
	15	道岔检查记录簿			
六、生产管理卷（当月）	16	维修日计划	按填写说明填写（见附件11）	客专技术科	主任
	17	施工安全技术组织措施			
	18	线路病害分析回检记录表	按填写说明填写（见附件11）		
	19	道岔病害分析回检记录表	按填写说明填写（见附件11）		
	20	作业登记簿	按填写说明填写（见附件11）		
	21	作业通知单	按填写说明填写（见附件11）		
	22	施工作业方案审核表	按填写说明填写（见附件11）		
	23	进出网记录表	按填写说明填写（见附件11）		
七、技术管理卷	24	各种技术、作业标准	各种技术标准和作业标准	客专技术科	技术员
	25	线路设备台账、资料	管内线路设备图表资料		
八、人事教育卷	26	人员情况统计表	根据人事动态进行数据更新，动态调整，统一放入卷内	劳动人事科	定额员
	27	工资清算表	定额员到劳动人事科拷贝表格或根据自己车间实际情况，设定表格填写打印后，经车间主任签认、人劳科审核后公示，于次月放入人事资料卷盒内		
	28	考勤汇总表	考勤汇总表按月汇总，一式2份，每月由车间定额员将第1份原件加盖车间公章后交段劳动人事科保存。第2份车间装订留存，每月30日前完成		

续表

卷 名	序号	内 容	填 写 标 准	责任科室	车间责任人
八、人事教育卷	29	职工教育台账	保存职工教育台账，办班资料、岗位练兵、职工试卷、师徒合同等资料	职工教育科	兼职教师
	30	自控型班组资料	自控型班组资料：车间季度自控型班组创建报表、车间季度自控型班组考核评定表、车间月度自控型班组考核评定表，按要求填写，准时上报，规范保存	职工教育科	副主任
	31	QC、科技创新资料	1. QC 小组活动资料：存放本车间所辖班组开展活动情况，上年度 QC 成果和本年度 QC 课题。本着鼓励参与的原则，对于开展活动的班组，在自控型班组评定中给予加分；要求每个车间至少有1个小组开展活动。 2. 科技创新资料		
九、物品台账卷	32	工具备品台账	按照台账目录要求填写	材料科	定额员
	33	材料备品台账	按照要求填写		
	34	材料申请清单	电子版上报、保存		
	35	小型养路机械设备台账	1. 封面填写车间、工区； 2. 设备单台登记，每页1台； 3. 登记内容：编号、机具名称、型号规格、制造厂名、数量、启用日期、保管人、附属发动机型号规格	客专技术科	
	36	低值易耗品（家具备品）台账	按规定登记账本，随备品的变化及时销记、登记	行政办公室	
	37	能耗资料	按规定填写，按时上报	财务计划科	
十、党群卷	38	党工团台账	按规定填写	党群办公室	支部书记
	39	综合治理资料	1. 记录治安综合治理工作情况； 2. 治安综合治理工作实行月统计、季分析、半年检查、年终考评制度； 3. 治安综合治理工作小组每季度要召开会议一次，研究布置相关工作	武装保卫科	
要求			车间主任每月要对本车间内业资料进行不少于1/3的抽查,车间管理人员每月要对本车间所辖工区内业资料进行不少于1/3的抽查		

附件3（样表）：

高铁线路班组内业管理标准

卷 名	序号	内 容	填 写 标 准	责任科室	班组责任人
一、文件卷	1	局发文件	记名式传达和非记名式传达文件要分类存放	行政办公室、党群办公室、安全调度科、客专技术科、职工教育科	工长
	2	段发文件	记名式传达和非记名式传达文件要分类存放		
二、电文通知卷	3	上级电报	对收到的电报按记名式传达和非记名式传达，及时进行登记、传达、存放		
	4	各级通知	对收到的通知按记名式传达和非记名式传达，及时进行登记、传达、存放		
	5	信息通报	对收到的通报按记名式传达和非记名式传达，及时进行登记、传达、存放		
三、规章制度卷	6	各种规章	包括上级下发的各种规章		
	7	班组管理制度	班组各项制度、措施。要求装订整齐，规范管理，及时补充、更新		
四、安全管理卷	8	班组综合记录簿	按填写说明填写（见附件8）	各科室	工长
	9	施工维修作业防护登记簿	按填写说明填写（见附件10）		防护员
	10	安全生产问题库	1. 安全生产问题库分为车间、班组可自行解决的问题和需上级解决问题（车间、班组无力解决的问题）两类。 2. 问题消号情况必须做到"四有三对照"	安全调度科	安全员
	11	"三防"工作细化措施			
	12	冬季道岔除雪防冻工作预案			
	13	伤损设备及处理情况登记簿	按要求填写，实行动态管理，及时登记消号		
五、设备检查卷(当月)	14	线路检查记录簿	按要求填写	客专技术科	工长
	15	道岔检查记录簿	按要求填写		
	16	线路病害检查记录表	按填写说明填写（见附件11）		
	17	道岔病害检查记录表	按填写说明填写（见附件11）		
六、生产管理卷(当月)	18	线路班组工作日志	按填写说明填写（见附件9）	客专技术科、安全调度科	工长
	19	进出网作业人员及工机具数量确认表	按填写说明填写（见附件12）		
	20	施工安全技术组织措施			
	21	线路病害分析回检记录表	按填写说明填写（见附件11）		

续表

卷 名	序号	内 容	填 写 标 准	责任科室	班组责任人
六、生产管理卷(当月)	22	道岔病害分析回检记录表	按填写说明填写（见附件11）	客专技术科 安全调度科	工长
	23	作业登记簿	按填写说明填写（见附件11）		
	24	作业通知单	按填写说明填写（见附件11）		
	25	施工作业方案审核表	按填写说明填写（见附件11）		
七、技术管理卷	26	各种技术、作业标准	各种技术标准和作业标准	客专技术科	工长
	27	线路设备台账、资料	管内线路设备图表资料		
八、人事教育卷	28	人员情况登记表	根据人事动态进行数据更新，动态调整，统一放入卷内	劳动人事科	考勤员
	29	职工工资资料			
	30	职工教育资料	保存职工业务学习计划、学习笔记、职工试卷、师徒合同、岗位练兵等资料	职工教育科	宣传员
	31	自控型班组资料	工区季度职工岗位达标评定表和工区月度职工岗位达标评定表，按要求填写，准时上报，规范保存		
	32	QC、科技创新资料	1. QC小组活动资料：质量管理小组活动记录簿、上年度QC活动成果、本年度QC课题等。本着鼓励参与的原则，对于开展活动的班组，在自控型班组评定中给予加分。 2. 科技创新资料		
九、物品台账卷	33	工具备品台账	按照要求填写	材料科	材料员
	34	材料备品台账	按照要求填写		
	35	材料申请清单	电子版上报、保存		
	36	小型养路机械设备台账	1. 封面填写车间、工区； 2. 设备单台登记，每页1台； 3. 登记内容：编号、机具名称、型号规格、制造厂名、数量、启用日期、保管人，附属发动机型号规格	客专技术科	
	37	养路机械设备运转记录簿	按规定填写		
	38	低值易耗品（家具备品）台账	按规定登记，随备品的变化及时销记、登记	行政办公室	
十、党群卷	39	党工团台账	按规定填写	党群办公室	宣传员
	40	综合治理资料		武装保卫科	工长
要求		工长每月必须对内业资料进行1次全面检查，及时补充、完善、清理			

第四节　高铁客专静态作业指导管理办法（试行）

为保证线路状态均衡完好，使列车以规定的速度，安全、平稳和不间断地运行，尽量提高乘车的舒适度，延长设备使用寿命，科学合理地指导对设备轨向、轨距、高低、水平进行静态调整维修，特制定本办法。

一、编制依据

（1）《客运专线无砟轨道铁路工程施工质量验收暂行标准》。
（2）《客运专线无砟轨道铁路工程施工技术指南》。
（3）《福斯罗 300-1A 型扣件安装技术手册》。
（4）《WJ-8B 型扣件设计安装图》。

二、适用范围

适用于郑西高铁无砟长钢轨静态精调维修。

三、轨道静态调整程序

（1）根据动检车、车载式添乘仪、便携式添乘仪资料和人工添乘检查，综合分析动态病害地点。
（2）现场手工检查，找出病害处所，综合分析病害原因，提出调整方案。
（3）利用天宝轨检小车对病害进行静态检测分析，完成调整量计算，人工现场检查标示符合。
（4）进行综合调整，并做好详细记录。
（5）利用动静态检查对调整地段进行复检。

四、线路静态调整

（一）准备工作

1. 人员培训

对精调人员进行精调工艺、程序、标准的专业培训，使参与轨道精调人员全面掌握相关标准及要求。作业人员应固定，不应任意调动；测量数据要有专人做分析计算，制定精调工作表，现场按表执行调整。

2. 轨枕编号

按照连续贯通里程，两个连续 CPⅢ控制点之间轨枕应连续编号，其方法为：CPⅢ控制点编号+XXX（沿里程增加方向的排序号）。例如122303010，"122303"表示 CPⅢ控制点编号，"010"表示从"122303"CPⅢ沿里程增加方向的第10根枕木。

（1）1根轨枕只能有1个独一无二的号码。

（2）有关CPⅢ点的编号，采用里程数来编列。

（3）下行线为单号，上行线为双号，例如122303015，即表示从"122303"CPⅢ点沿里程增加方向下行线的第15根轨枕。

（4）CPⅢ点的编号应该明确标记在CPⅢ桩或防撞墙上。

（5）编号的方向要面向里程的增加方向。

3. 轨道检查

对线路轨道状态进行全面检查，保证扣件齐全，安装位置正确，确保采集数据真实反映线路状态。

（1）钢轨：全面查看，应无污染、无低塌、无擦伤掉块、无硬弯等缺陷。

（2）扣件：对检查地段扣件分行别、左右股、里外口进行检查记录，应安装正确，无缺少、无损坏、无污染，扭力矩达到设计标准（福斯罗扣件达到250 N·m，WJ-8B型为160 N·m），弹条中部前端下颌与轨距块间隙≤0.5 mm，轨底外侧边缘与轨距块（WJ-8B型扣件为绝缘块）、绝缘块与铁垫板挡座间隙≤0.5 mm，轨枕挡肩与轨距块间隙≤0.3 mm。

（3）垫板：应安装正确，无缺少、无损坏、无偏斜、无污染、无空吊（间隙≤0.3 mm）。

（4）焊缝：全部检查，主要测量焊缝平顺性，轨顶面0~+0.2 mm，工作边0~-0.2 mm，圆弧面0~-0.2 mm。

凡达不到上述要求的，应及时打磨处理。

4. 轨道测量分析

（1）采用天宝检查小车对轨道进行逐根轨枕连续测量。

① 测量前，全站仪设站精度应满足要求，并对仪器进行校核。

② 区间轨道应连续测量，分次测量时，两次测量搭接长度不少于20 m。

③ 车站道岔应单独测量，与两端线路搭接长度不少于100 m。

（2）采用轨道小车配套软件进行调整量计算，将轨道各项几何尺寸全部调整到允许范围之内，并对轨道线型进行优化，形成调整量表（见附件8）。

① 调整基本原则："先轨向，后轨距"，"先高低，后水平"。

② 轨向调整：调整基准轨。基准轨选择为曲线地段选择上股轨，直线地段选择与前方曲线上股同侧钢轨。对基准钢轨方向进行精确调整，短波（30 m）2 mm合格率100%，1 mm合格率≥96%；长波（300 m）10 mm合格率100%；线型平顺，无突变，无周期性小幅振荡。

③ 轨距调整：固定基准股钢轨，调整另一股钢轨，轨距精度控制：±1 mm，轨距变化率≤0.7‰；该股钢轨方向线型应平顺，无突变，无周期性小幅振荡。

④ 高低调整：调整基准轨。基准轨选择为曲线地段选择曲下股，直线地段选择与前方曲

线下股同侧钢轨。对基准股钢轨高低进行精确调整，短波（30 m）2 mm 合格率 100%，1 mm 合格率≥96%；长波（300 m）10 mm 合格率 100%；线型平顺，无突变，无周期性小幅振荡。

⑤ 水平调整：固定基准股钢轨，调整另一股钢轨高低，校核水平精度，1 mm 合格率 100%；水平变化率，相邻两根轨枕≤1 mm，间隔三根轨枕≤2 mm；该股钢轨高低线型应平顺，无突变，无周期性小幅振荡。

5. 备　料

根据调整量表，结合现场扣件调查情况，准确统计各类调整件需求数量，据此进行备料，并预留一定余量。

6. 工具的准备

电子道尺，塞尺，弦绳，1 m 平直尺、钢板尺，毛刷，螺丝刀（平口），扭力扳手，起道器，松紧螺栓的工具等。同时应准备足够的夜间照明灯具。

（二）调整方法及材料

1. 福斯罗 300-1A 型扣件（扣件系统示意图见附件 1）

（1）调整轨距和轨向时，应通过更换不同型号的轨距挡板实施，单侧钢轨的横向调整范围为 ±8 mm。轨距挡板型号 0～±8（轨距调整值和轨距挡板规格组合参考附件 2）。

（2）调整高低、水平时，应通过更换不同型号的塑料调整垫、Zw692 轨垫和 Ap20 钢制调节板实施，调整范围为 +56 mm/−4 mm。共有 3 种高度调整方式，严禁用其他方式调整高度。

① −4 mm 至 +2 mm 范围内的高度调整，通过更换 Zw692 轨垫实现，每步调节 1 mm。轨垫型号有 2 mm、3 mm、4 mm、5 mm、6 mm、7 mm、8 mm 七种，标准轨垫为 6 mm（附件 3）。

② +3 mm 至 +28 mm 范围内的高度调整通过更换 Ap20 塑料调整垫和 Zw692 轨垫实现，并根据高度调整量选择正确的轨道板螺栓（高度调程和 Ap20 塑料调整垫、Zw692 轨垫及轨道板螺栓组合参考附件 4）。

③ +29 mm 至 +56 mm 范围内的高度调整通过更换 Ap20 塑料调整垫、钢制调节板和 Zw692 轨垫实现，并根据高度调整量选择正确的轨道板螺栓。

2. WJ-8B 型扣件（扣件系统示意图见附件 5）

（1）轨距、方向调整：

WJ-8B 型扣件系统的轨距调整范围在 ±14 mm，其中绝缘块 ±4 mm，轨距块 ±10 mm。单股钢轨左右位置由不同号码的轨距挡板和绝缘块组合调整，实现 ±7 mm 的横向调节，每步调节 1.0 mm，当安装的轨距挡板为 7 号时且钢轨左右调整的范围在 2 mm 以内时仅需更换绝缘块号码进行调节（见附件 6：WJ-8B 型扣件轨距调整配置表）。

（2）高低、水平调整：

WJ-8B 扣件通过轨下微调垫板和铁垫板下调高垫板对高低进行调整，调整范围为 0～+30 mm。在轨垫下加垫不同型号微调垫板可调 10 mm，微调垫板型号为 2 mm、5 mm、8 mm、

10 mm 四种。同时在铁垫板下加垫调高垫板可调 11 mm～30 mm，调高垫板型号有 10 mm、20 mm 两种，当调高超过 15 mm 时，应选择 S3 型轨枕螺旋螺栓（见附件 7：WJ-8B 型扣件高程调整配置表）。

（三）轨道静态调整标准

调整标准见表 3.1。

表 3.1　轨道静态调整标准

序号	指　标	允许偏差	检测方法	备　注
1	轨距	±1 mm	道尺，轨检小车	
2	轨距变化率	0.7‰		
3	水平	±1 mm	道尺，轨检小车	
4	水平变化率	2 mm/2.5 m		三角坑
5	轨向（短波）	2 mm/30 m 弦	轨检小车	
		1 mm/10 m 弦	弦线	
6	轨向（长波）	10 mm/300 m 弦	轨检小车	
7	高低（短波）	2 mm/30 m 弦	轨检小车	
		1 mm/10 m 弦	弦线	
8	高低（长波）	10 mm/300 m 弦	轨检小车	
9	轨底外侧与轨距块（绝缘块）缝隙	0.5 mm	塞尺	
10	轨枕挡肩与轨距块缝隙	0.3 mm	塞尺	
11	扣件扭力矩	250 N·m	扭力扳手	WJ-8 160 N·m
12	弹条中部与挡座间缝隙	0.5 mm	塞尺	

（四）调整作业

1. 轨距、轨向调整

作业人员从数据分析小组拿到轨向、轨距"调整量表"后，首先进行里程、CPⅢ编号、轨枕编号、作业量等数据的审核，校对是否存在问题，若存在问题及时和分析小组联系解决，若无问题按以下程序进行作业。

（1）标示工作：用石笔把标示数值写在道心的轨枕肩上，直接标示轨距挡块的型号。

（2）复核数据：复核作业数据和所做标示数据是否一致。同时利用电子道尺、弦线进行现场复核。

（3）摆放调整块：按照标示——对应摆放轨距块或绝缘块，轨枕肩上标为正值时，此侧轨距块就放正的，另一侧放负的。WJ-8B 扣件、绝缘块和轨距块按标示号数对应摆放。

（4）复核轨距块：对照"调整量表"及标示复核轨距块或绝缘块数值的位置、型号是否一致。

（5）扣件松动（扣件松动范围为病害两侧每侧加 3 根轨枕）：利用扭力扳手从一头向另一头逐根松动，先松减号侧的扣件，再松另外侧的扣件，严禁跳跃式松动。

（6）更换轨距块：用螺丝刀取出轨距块后，用毛刷、平口小铲、镊子等工具进行清理，然后用毛刷清理轨槽内杂物，确认更换的轨距块型号是否对应。

（7）扣件复紧：轨距块安装完毕后，用手动扳手将螺栓紧固到不松动、不倾斜即可，后用电动扳手紧固，紧固时先紧加号侧扣件，再紧减号侧扣件，从一头逐根紧固到另一头，严禁跳跃式紧固。

（8）质量回检：作业精度是否达标，扭力必须达到要求标准，轨距块与挡肩、轨底外侧缝隙不得大于 0.3 mm、0.5 mm，弹条中部与挡肩缝隙不得大于 0.5 mm。

（9）旧料回收：将换下及未用的材料分类收集，统计数量。

（10）清点机具材料：将机具材料清点并复核无误。

2. 高低、水平作业

作业人员依据数据分析小组下达的高低、水平"调整量表"，首先进行里程、CPⅢ编号、轨枕编号、作业量等数据的审核，校对是否存在问题，若存在问题及时和分析小组联系解决，若无问题按以下程序进行作业。

（1）标示工作：用石笔把标示数值写在道心的轨枕肩上。

（2）复核数据：复核作业数据和所做标示数据是否一致。

（3）摆放垫片：按照标示一一对应摆放垫片。

（4）复核垫片：对照"调整量表"及标示复核垫片数值的位置、型号是否一致。

（5）扣件松动（扣件松动范围为病害两侧每侧加 3 根轨枕）：两侧任选一侧用扭力扳手从一头向另一头逐根松动，严禁跳跃式松动。

（6）更换调高块：用螺丝刀取出轨距块后，用毛刷、平口小铲、镊子等工具进行清理，然后用毛刷清理轨槽内杂物，用专用起道器抬起钢轨（钢轨抬起到把旧垫板取出即可，不可把钢轨抬得太高，以免钢轨变形）撤出原有轨垫，换上摆放好的调整轨垫，确认更换的调高块型号是否正确。

（7）扣件复紧：调高块安装完毕后，用手动扳手将螺栓紧固到不松动、不倾斜即可，后用电动扳手紧固，紧固时两侧任选一侧从一头逐根紧固到另一头，严禁跳着紧固。

（8）质量回检：作业精度是否达标，扭力必须达到设计标准，轨距块与挡肩、轨底外侧缝隙不得大于 0.3 mm、0.5 mm，弹条中部与挡肩缝隙不得大于 0.5 mm。

（9）旧料回收：将换下的材料分类收集，统计数量。

（10）清点机具材料：将机具材料清点并复核无误。

3. 轨距、方向和高低、水平同时作业程序

先松减号侧的扣件，再松加号侧的扣件（扣件松动范围为病害两侧每侧加 3 根枕木），利用扭力扳手从一头向另一头逐根松动，严禁跳跃式松动；扣件复紧时先紧加号侧的扣件，再紧减号侧的扣件，从一头逐根紧固到另一头，严禁跳跃式紧固，其他程序同上。

4. 轨道复测

（1）复测前，对作业范围内的扣件、垫板进行全面检查，确认安装正确，扣压力达到设计标准。

（2）对作业地段采用轨道小车进行逐根轨枕连续测量，测量数据经确认后存档备查。

(3)复测数据不满足精度要求的地段应重新调整。
(4)形成最终的"轨道静态调整量表"和"病害分析、整治、回检记录表",经确认后存档备查。

五、高速无砟道岔静态调整

道岔静态调整施工流程:准备工作、道岔测量及调整量计算、现场标示、扣件调整、轨道复检。

1. 准备工作

准备工作与轨道精调要求相同,需要准备天宝小车、电子道尺、弦绳、塞尺等检查工具。

2. 道岔检测

(1)利用天宝小车对道岔进行测量数据采集、分析,计算各部调整量,形成调整量表。
(2)轨道检查:
① 检查钢轨表面状态,观察光带有无突变,检查钢轨焊缝平顺度是否超标。
② 检查扣件弹条与轨距挡板离缝、轨下垫板是否存在空吊。
③ 检查尖轨、辙叉部分顶铁是否密贴紧固。
④ 检查其他结构性缺陷,进行综合分析。
(3)根据轨检小车分析出的数据对道岔进行现场标示核实,对道岔的几何尺寸根据其标准进行复核,确认调整量。

3. 道岔现场精调

(1)道岔精调要坚持"先直股后曲股,先水平后方向"原则。
(2)道岔静态几何尺寸容许偏差管理值见表3.2。

表3.2 道岔静态几何尺寸容许偏差管理值

项 目		作业验收	经常保养	临时补修	限速200 km/h
轨距/mm	岔 区	+1,-1	+4,-2	+5,-2	+6,-4
	尖轨尖	+1,-1	+2,-2	+3,-2	
高低/mm		2	4	7	8
轨向/mm	直 线	2	3	5	6
	支 距	2	3	4	—
水平/mm		1	4	6	7
扭曲/(mm/6.25 m)		2	4	5	6

注:① 支距偏差为实际支距与计算支距之差。
② 导曲线下股高于上股限值,作业验收为0 mm,经常保养为2 mm,临时补修为3 mm。

(3)调整轨距方向:通过调整轨距调整片调整轨距方向。轨距调整片调整范围为±16 mm,

以 1 mm 为一个级别。轨距调整片型号为 –4 mm ~ +5 mm，标准调整片为 9 mm（调整片配置见表 3.3）。

表 3.3 轨距调整片配置表

序 号	单股钢轨调整量/mm	非作用边调整片	作用边调整片
1	–4	GS +4	GS –3
2	–3	GS +3	GS –2
3	–2	GS +2	GS –1
4	–1	GS +1	GS +0
5	0	GS +0	GS +1
6	1	GS –1	GS +2
7	2	GS –2	GS +3
8	3	GS –3	GS +4
9	4	GS –4	GS +5

方法：将需调整的扣件提前标示在轨枕上，松开里外口固定螺栓，将轨距块及螺栓取下，更换轨距调整片，实现钢轨位移，达到轨距变化的目的，调整后逐根轨枕测量。

（4）高低水平：通过调整垫片调整高低水平。垫片型号有 2 mm、3 mm、6 mm、10 mm 四种，高低调整范围为 –4 mm ~ +22 mm（调高垫板配置见表 3.4）。

表 3.4 调高垫板配置表

调高范围/mm	中间垫层 Zwp/4 mm	调高垫板/10 mm	调高垫板/6 mm	调高垫板/3 mm	调高垫板/2 mm	螺栓 Ss36
–4						Ss36-230
–2					1	Ss36-230
–1				1		Ss36-230
0	1					Ss36-230
+1				1	1	Ss36-230
+2	1				1	Ss36-230
+3	1			1		Ss36-230
+4	1				2	Ss36-230
+5	1			1	1	Ss36-240
+6	1		1			Ss36-240
+7	1			1	2	Ss36-240
+8	1		1		1	Ss36-240
+9	1		1	1		Ss36-240
+10	1	1				Ss36-240
+11	1		1	1	1	Ss36-250

续表 3.4

调高范围 /mm	中间垫层 Zwp/4 mm	调高垫板 /10 mm	调高垫板 /6 mm	调高垫板 /3 mm	调高垫板 /2 mm	螺栓 Ss36
+12	1		2			Ss36-250
+13	1	1		1		Ss36-250
+14	1	1			2	Ss36-250
+15	1	1		1	1	Ss36-250
+16	1	1	1			Ss36-250
+17	1	1		1	2	Ss36-250
+18	1		3			Ss36-250
+19	1	1	1	1		Ss36-250
+20	1	2				Ss36-250
+21	1		3	1		Ss36-250
+22	1	1	2			Ss36-250

方法：根据调整量表标示摆放需更换的调高垫片，松开里外口固定螺栓，将轨距块及螺栓取下，用起道器将钢轨抬起，撤出原有的垫片，调整提前计算好的垫片，使水平和高低发生变化，达到预期目的。

（5）调整滑床板离缝：通过调整滑床板下调高垫板和基本轨下垫片进行调整。

（6）轨底与轨距挡块之间的空隙：通过调整里外口轨距调整片解决或利用特制的大号轨距垫片解决离缝超限问题。

（7）整修后对道岔病害处所进行回检，达到规定要求，做好详细记录存档。

六、安全质量要求

（1）作业前应严格执行作业分级审批管理办法的相关规定，按要求提报作业计划单，计划批准后方准实施，并按要求设好施工防护。

（2）严格执行《工务段高铁线路维修作业标准化程序》的各项规定制度。

（3）结合部作业提前2天向配合单位提报配合申请单。

（4）严格标准化作业，轨道调整过程中，连续松开扣件数量不应超过7根轨枕。

（5）对松开部位的轨枕表面及螺栓孔，用毛刷、螺丝刀（平口）、镊子等工具进行清理，并做好螺栓涂油工作。

（6）调整完毕，全面拧紧扣件螺栓，达到设计标准。

（7）回收更换下来的调整件，按照规格型号分类存放。

（8）根据现场实际调整情况，形成"病害分析、整治、回检记录表"存档。

七、附 件

1. 福斯罗扣件系统300-1A型图

2. 福斯罗 300-1A 型扣件轨距调整表

3. 福斯罗扣件高程调整表

4. 高度调程和塑料调整垫、Zw 轨垫及轨道板螺栓组合表

5. WJ-8B 型扣件系统示意图

6. WJ-8B 型扣件轨距调整配置表

7. WJ-8B 型扣件高程调整配置表

8. 调整量表

附件1：

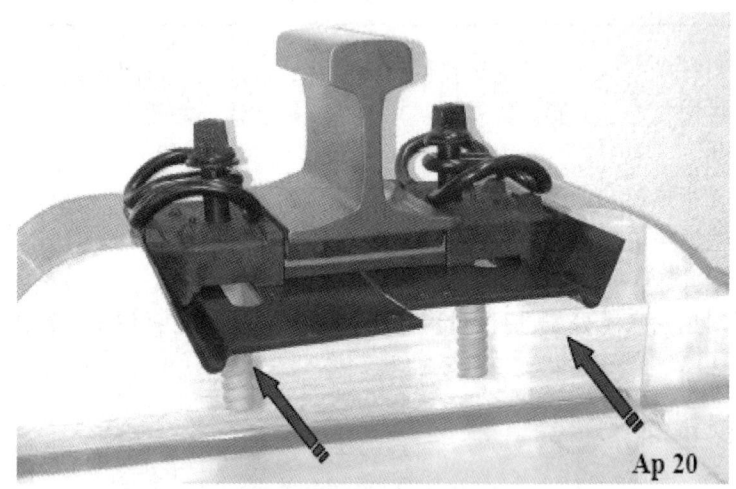

福斯罗扣件系统 300-1A 型图

附件5：

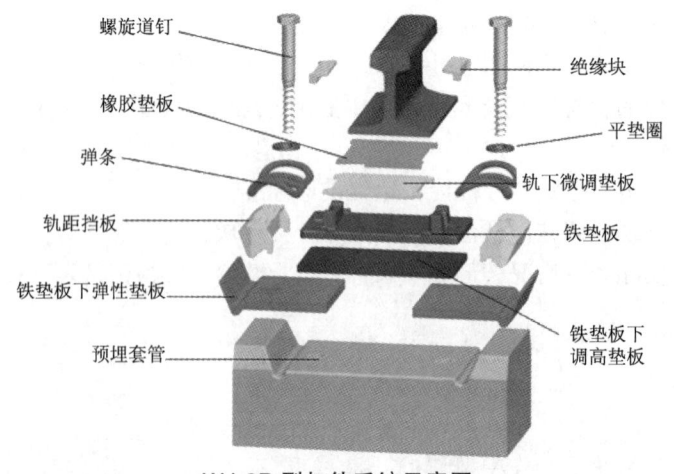

WJ-8B 型扣件系统示意图

附件6：

WJ-8B型扣件轨距调整配置表

轨距调整量/mm	左股钢轨		右股钢轨	
	外侧轨距挡板	内侧轨距挡板	内侧轨距挡板	外侧轨距挡板
-10	12	2	2	12
-9	11	3	2	12
-8	11	3	3	11
-7	10	4	3	11
-6	10	4	4	10
-5	9	5	4	10
-4	9	5	5	9
-3	8	6	5	9
-2	8	6	6	8
-1	7	7	6	8
0	7	7	7	7
1	6	8	7	7
2	6	8	8	6
3	5	9	8	6
4	5	9	9	5
5	4	10	9	5
6	4	10	10	4
7	3	11	10	4
8	3	11	11	3
9	2	12	11	3
10	2	12	12	2

使用绝缘块调整轨距配置表

轨距调整量/mm	左股钢轨		右股钢轨	
	外侧轨距挡板	内侧轨距挡板	内侧轨距挡板	外侧轨距挡板
-4	11	7	7	11
-3	11	7	8	10
-2	10	8	8	10
-1	10	8	9	9
0	9	9	9	9
1	8	10	9	9
2	8	10	10	8
3	7	11	10	8
4	7	11	11	7

附件 7：

WJ-8B 型扣件高程调整配置表

钢轨高低调整量	WJ8 轨下微调垫板总厚度	WJ8 铁垫板下调高垫板厚度
1 mm	1 mm	
2 mm	2 mm	
3 mm	1×2 mm + 1×1 mm	
4 mm	2×2 mm	
5 mm	1×5 mm	
6 mm	1×5 mm + 1×1 mm	
7 mm	1×5 mm + 1×2 mm	
8 mm	1×8 mm	
9 mm	1×8 mm + 1×1 mm	
10 mm	1×8 mm + 1×2 mm	
11 mm ~ 20 mm	调整方法同上，总数不超 2 块	10 mm
21 mm ~ 30 mm	调整方法同上，总数不超 2 块	20 mm

附件 8：

调整量表

轨枕编号	里程	调整量				调整件						备注
		左轨		右轨		左轨			右轨			
		横向	垂向	横向	垂向	外侧	内侧	垫片	外侧	内侧	垫片	

第四章
高铁客运专线桥梁的检测与维修

第一节 桥梁基本知识

一、桥梁的一般概念

1. 桥梁的定义和组成

桥梁的定义：当铁道线跨越江河、干沟、深谷洼地、城镇、公路或另一条铁路等障碍而修建的建筑物叫桥梁。

桥梁的特点：造价高，构造复杂，技术性强，一旦遭受损坏，加固或修复比较困难。

桥梁的组成：从构造上讲，桥梁主要由桥面、桥跨结构、桥墩和桥台三部分组成。

也有把桥梁分为上部结构和下部结构两部分的。

上部结构：梁、桥面、支座，是跨越桥孔的结构。

下部结构：桥墩、桥台及下面的基础。

桥梁附属建筑物：护锥、护坡、护底、护岸等防护建筑物；有时还需修建导流堤、拦沙坝等调节河流建筑物。

2. 桥梁的分类

按照不同的分类方法，铁路桥梁可分为很多种类。

（1）按照桥梁长度分。

特大桥：桥长 500 m 以上。

大桥：桥长 100 m 以上至 500 m。

中桥：桥长 20 m 以上至 100 m。

小桥：桥长 20 m 及以下。

（2）按照桥跨结构所采用的主要建筑材料分。

有木桥、钢桥、圬工桥、混合桥、结合梁桥等。

混合桥：一座桥梁一部分桥跨结构为钢材，一部分为圬工。

结合梁桥：一孔梁由钢板梁（主梁）与钢筋混凝土板（桥面板）结合为一整体桥跨结构。

（3）按照桥面位置分。

上承式桥：桥面位于桥跨的顶部。

下承式桥：桥面位于两主梁（桁梁或板梁）或两拱肋之间，列车在桥跨内穿过。

中承式桥：由桥跨结构的中部来承受荷载，主要用于拱式桥跨结构。

（4）按桥跨结构在荷载作用下的静力性质特征分。

梁式桥（简称梁桥）：又可分为简支梁桥、连续梁桥和悬臂梁桥。所谓简支梁是指梁的两端分别为铰支（固定）端与活动端的单跨梁式桥。连续梁桥是指桥跨结构连续跨越两个以上桥孔的梁式桥。在桥墩上连续，在桥孔内中断，线路在桥孔内过渡到另一根梁上的称为悬臂梁，采用这种梁的桥称为悬臂梁桥。梁式桥的梁身可以做成实腹的，也可做为空腹的，空腹的称为桁梁。桁梁也叫桁架。桁架的类型五花八门，有三角形、双斜杆形、菱格形、米字形、多腹杆密格形、K形、W形、空腹形等。

拱桥由拱上建筑、拱圈和墩台组成。在竖直荷载作用下，作为承重结构的拱肋主要承受压力，拱桥的支座既要承受竖向力，又要承受水平力，因此拱式桥对基础与地基的要求比梁式桥要高。拱桥按桥面位置可分为上承式拱桥、中承式拱桥和下承式拱桥。

刚构桥是指桥跨结构与桥墩式桥台连为一体的桥。刚构桥根据外形可分为门形刚构桥、斜腿刚构桥和箱形桥。斜腿刚构桥可应用于山谷、深河陡坡地段，避免修建高墩或深水基础。箱形桥的梁跨、腿部和底板联成整体，刚性好，适用于地基不良的情况和既有线下采用顶推法施工。

斜拉桥是将梁用若干根斜拉索拉在塔柱上的桥。它由梁、斜拉索和塔柱三部分组成。斜拉桥是一种自锚式体系，斜拉索的水平力由梁承受，梁除支承在墩台上外，还支承在由塔柱引出的斜拉索上。按梁所用的材料不同可分为钢斜拉桥、结合梁斜拉桥和混凝土梁斜拉桥，如图 4.1 所示。

图 4.1　高速客运专线斜拉桥

悬索桥，是桥面支承在悬索（也称大缆）上的桥，又称吊桥。它是以悬索跨过塔顶的鞍形支座锚固在两岸的锚碇中，作为主要承重结构。在缆索上悬挂吊杆，桥面悬挂在吊杆上。由于这种桥可充分利用悬索钢缆的高抗拉强度，具有用料省、自重轻的特点，是现在各种体系桥梁中能达到最大跨度的一种桥型。

3. 桥梁的主要尺寸

梁的跨度：计算跨度，简支梁和连续梁为各孔两端支座中心距，拱桥和刚构桥为其净孔。

梁的全长：梁两端之间的距离。

梁的净跨度：梁的净孔。指沿计算水位量出的相邻墩台边缘间或墩台帽下边缘间的距离。

桥梁长度（桥长）：梁桥系指桥台挡砟墙间的长度；拱桥系指拱上边墙与桥台间的伸缩缝之间的距离。

桥梁全长：两桥台边墙最外端（包括托盘和基础）间的距离，两边墙不相等时以短边计；曲线桥为中心线上墩台之间各段曲线之和。

桥梁孔径：桥孔总长，指桥梁各孔净跨度的总和。

桥梁温度跨度：简支梁及连续梁为一孔梁的固定支座至相邻固定支座或桥台挡砟墙间的距离；悬臂梁为墩台上的相邻固定支座间或固定支座到桥台挡砟墙间的距离；拱桥为梁水平长度的一半。

二、高速铁路桥梁基本知识

1. 高速铁路桥梁的特点

（1）除了小跨度桥梁外，都采用双线单室箱形截面。

（2）桥梁总延米在线路总长中所占比例比普通铁路大。

（3）混凝土桥梁多。

（4）预应力混凝土与其他建桥材料相比，具有刚度大，噪声低，温度引起的变形对线路位置影响小，养护工作量少，造价较低等优点，所以一般要求桥梁上部结构应优先采用预应力混凝土结构。当需要减轻梁重或快速施工时，结合梁也常被采用。

另外，高速铁路作为重要的现代交通运输线，应强调结构与环境协调，重视生态环境保护。桥梁造型要与周围环境相一致并注重结构外观和色彩；在居民点附近的桥梁应有降噪措施；避免桥面污水损害生态环境等。高速列车通过桥梁时引起噪声和振动，同时会影响电视画面，所以在城市中造的桥梁一般选用混凝土箱梁结构，再加设隔音墙，能使噪声减至 70 分贝以下。

预应力混凝土结构，具有刚度大、噪声低，由温度变化引起的结构位移对线路结构的影响小，运营期间养护工作量少，造价也较为经济等优点。从耐久性的角度来看，预应力混凝土结构也优于普通钢筋混凝土结构和钢结构。

2. 高速铁路桥梁结构采用高性能混凝土

高性能混凝土是近年来一些发达国家基于混凝土结构耐久性设计提出的新概念混凝土。区别于传统混凝土，高性能混凝土把混凝土结构的耐久性作为首要的技术指标。高性能混凝土是在传统混凝土中加入了超塑化剂和其他外加剂以及矿物细掺料（例如粉煤灰等），采用低水胶比，它具有较高的力学性能（如抗压、抗折、抗拉强度）、高耐久性（如抗冻融循环、抗碳化和抗化学侵蚀）、高抗渗性。它根据需要，在硅酸盐水泥中掺入不同的矿物细掺料及高性能外加剂，可以降低水灰比，减小混凝土的收缩、徐变，降低混凝土温升，提高混凝土抗冲刷能力等。高性能混凝土可使结构使用寿命提高 1 倍以上甚至更长。

三、京津城际桥涵简述

1. 沿线桥涵分布概况

桥涵总座数 35 座，桥梁占线路长度 86.7%。

其中：特大桥 5 座/100 150 m；大桥 2 座/446.3 m；中桥 5 座/356.7 m；框构中桥 9 座/2913.08 m；涵洞 12 座/357.8 横延米；旅客地道 2 座/1 027.6 m。

2. 设计的原则

为了满足客运专线列车高速安全运行和旅客乘坐舒适度的要求，铁路桥梁结构应具有安全舒适、构造简洁、设计标准化、便于施工架设和养护维修的特性，并具有足够的耐久性和良好的动力性能。根据以上基本要求，桥梁上部结构、下部结构采用钢筋混凝土结构。跨度大于或等于 20 m 的梁，采用双线整孔预应力混凝土箱形截面梁。跨度小于 20 m 的梁，采用钢筋混凝土刚构连续梁。32 m 及以下跨度的简支梁采用架桥机架梁；40 m 简支箱梁采用支架现浇施工；中小跨度连续箱梁采用满布支架现浇施工；大跨度预应力混凝土连续箱梁采用悬臂灌注法施工。

3. 桥跨布置

（1）除受控制点影响外，尽量按等跨布置，等跨布置以 32 m、24 m 梁为主，一座桥尽量以同一梁跨布置。

（2）特长桥梁必须采用两种及以上常用跨度梁时，相同梁跨集中布置。

（3）跨越河堤时尽量一孔跨越，堤上及边坡上一般不设墩，如确有困难，桥墩宜设在背水坡。特殊困难时，与水利部门协商解决。

（4）跨越主要河流，当铁路与河流夹角大于 70°时，以 32 m 梁为主。

（5）跨越一般公（道）路，当铁路与道路交角较小时，在满足施工条件的前提下采用刚构连续梁，以降低路肩高程。

（6）特殊工点的桥跨结构形式，结合工点的实际情况，采用切实可行的施工方法。

（7）梁型、梁跨以 32 m 简支梁为主，24 m、20 m 用于调跨。

4. 桥梁基础

（1）依据京津城际轨道交通全线地质资料，桥梁设计均采用深基础。深基础根据技术经济比较选用钻孔桩、沉井等，钻孔桩一般采用 ϕ1.25 m 的桩径，大跨桥梁设计需要时采用 ϕ1.5 m 桩径。

（2）软土地基设计桩基础充分考虑负摩阻力的影响；水源地地区地表可能沉降时也考虑了负摩阻力的影响。

（3）基础埋置深度根据冲刷深度、地形、水文、地质条件研究确定。平原区旱桥，基顶一般低于地面 0.5 m 以下。有水河流桩基承台顶面一般控制在一般冲刷线以下。

（4）在软土地基上时，深基础进入稳定土层内不小于 1 m ~ 2 m。

5. 结构的耐久性

（1）采用高性能混凝土。

（2）骨料的采用：细骨料采用硬质洁净的天然中粗砂；粗骨料采用坚硬耐久的碎石。

（3）梁体钢筋最小净保护层采用 35 mm，桥面板为 30 mm。

（4）梁体封端采用锚穴方式，减小封端混凝土体积，对锚具进行防水处理后设置锚穴内钢筋网，封端混凝土采用强度不低于 C40 的微膨胀混凝土。

（5）为保证预应力管道压浆材料的密实度及对预应力筋的保护，压浆材料采用高性能无收缩防腐灌浆剂。

（6）所有梁体预埋件进行锌铬涂层防锈处理。

（7）桥面采用新型优质的防水材料，保护层采用 C40 纤维混凝土。

6. 梁体变形和墩台沉降观测

京津城际铁路按照相关规定要求，在确定的箱梁体上表面按照梁端及 1/4、1/2、3/4、梁端，支座轴线，梁中心线的位置每孔布设 15 个观测点，采用相对高程观测方法，分析梁体变形；按照墩高大于 14 m，低于 14 m 且高于 4 m，低于 4 m 的要求，在每个墩和台上设置了沉降观测标；在涵洞帽石上设置了 2 个沉降观测标。用于设备基础提供轨道平顺性的分析依据。

7. 主要特大桥

（1）跨北京环线特大桥。

本桥位于北京市区，跨越左安门内大街—方庄路、跨越二环路和预留京津塘高速公路及其与二环连接匝道，跨越左安路，跨越三环路分钟寺桥，跨越周庄路，从 DK8 + 650 至 DK12 + 900 线路沿大羊坊沟前行并与该沟发生三次交叉，跨越四环，跨越丰双铁路，跨越五环。

内有 3 处平面曲线，曲线半径分别为 $R = 1\ 600$ m、3 700 m、5 000 m。

全桥孔跨布置：中心里程 JJK13 + 574，全桥长 15.6 km/474 孔。

桥台采用一字形台，基础采用 $\phi 1.25$ m 钻孔桩基础。

45 号桥墩采用实体矩形墩（异形），基础采用 $\phi 1.25$ m、$\phi 1.5$ m 钻孔桩基础。

（2）凉水河特大桥。

本桥主要为跨凉水河、北京六环而设，同时桥下跨越多条主要干道。

中心里程 JJK34 + 164，全桥长 21.56 km/667 孔。

桥台选用一字台。

（3）永定新河特大桥。

本桥为跨北运河、机场排污河、京津公路、津蓟铁路及机场专用线，跨过津京公路后逐渐与京山铁路并行，先后跨越永定新河、天津外环线及多条铁路专用线。

中心里程 JJK97 + 043，全长 21.13 km/647 孔。桥台采用一字台。

第二节　高铁客专桥梁的检测与维修

一、检查的重点项目

高铁客专一般检查的重点项目有侧向挡块、防水层、防撞墙、电缆槽、遮板，电缆槽上铺人行道板、遮板、预留安装栏杆的螺栓等易出现问题的重点部位，如图 4.2、图 4.3 所示。

图 4.2　高铁客专一般检查的重点项目（1）

图 4.3　高铁客专一般检查的重点项目（2）

（一）梁 体

1. 混凝土梁

（1）梁体混凝土强度不小于C50，钢筋净保护层厚度除顶板不小于30 mm，其余均为35 mm。

（2）发现梁体表面有湿润渗水、流锈水白浆时，应查明防水层状态，如有破损应进行修理，必要时予以更换或增设。

（3）钢筋混凝土梁碱-集料反应导致梁体产生裂纹。

（4）钢筋混凝土梁恒载裂缝宽度限值见表4.1。

表4.1 钢筋混凝土和预应力混凝土梁恒载裂缝宽度限值

梁 别	裂缝部位	最大裂缝限值
预应力混凝土梁	下缘竖向及腹板主拉应力方向	不允许
	纵向及顺主筋方向	≤0.2 mm
	横隔板竖向裂缝	不允许
钢筋混凝土梁及框构	主筋附近竖向	≤0.25 mm
	腹板竖向及斜向	≤0.3 mm

（5）相邻跨梁端间顶紧，或相邻跨作业通道栏杆顶紧，影响梁跨自由伸缩。

（6）意外事故造成梁体混凝土局部溃碎或钢筋变形、折断。

（7）预应力混凝土梁的徐变上拱值应严格限制。轨道铺设后，无砟桥面梁的徐变上拱值不应大于10 mm。预应力混凝土梁的封锚及接缝处，应在构造上采取防水措施，防止雨水渗入，如图4.4所示。

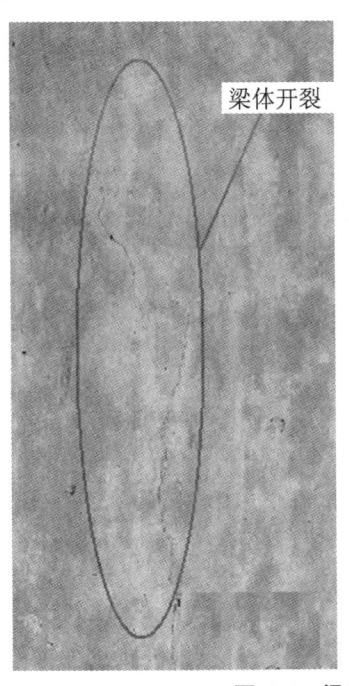 

图4.4 梁体开裂与观测标缺失

2. 结合梁

（1）梁体的杆件及其联结螺栓、焊缝的伤损状态及其发展情况；要特别注意严寒季节发生杆件裂纹和断裂的情况。

（2）对钢梁角落隐蔽部位，应注意锈蚀的检查。检查可使用探伤仪器和手工结合等方法进行。

（3）主梁与横梁、平联联结处母材、焊缝、高强螺栓。

（4）主梁、横隔板的对接焊缝。

（5）受拉及受反复应力杆件上的焊缝及临近焊缝热影响区的钢材。

（6）杆件断面变化处焊缝。

（7）加劲肋、横隔板及支座焊缝。

（8）钢板梁支座位置不正时，应检查支座处下翼缘钢板是否有裂纹。

（9）桥面板混凝土与钢梁联结部位的共同作用是否良好，并检查受拉部位和接合部位有无裂纹、流锈和滑动。

（二）墩　台

（1）墩身混凝土强度不低于 C30，支撑垫石不低于 C40。

（2）桥梁墩台应具有要求的强度、刚度、抗裂、抗渗和整体稳定性，并经常保持状态良好。如发现下列状态，应及时处理：

① 混凝土保护层中性化大于 20 mm。

② 桥梁墩台恒载裂缝宽度大于表 4.2 规定的限值。

③ 意外事故造成墩台混凝土局部溃碎或钢筋变形、折断。

④ 位于盐碱区的墩台，水中或土中部位腐蚀深度大于 20 mm。

表 4.2　桥梁墩台恒载裂缝宽度限值

墩别	裂缝部位	限值
混凝土拱	拱圈横向及斜向	≤0.3 mm
	拱圈纵向	≤0.5 mm
墩台	顶帽	≤0.3 mm
	经常受侵蚀性环境水影响	有筋 0.2 mm，无筋 0.30 mm
	常年有水但无侵蚀性	有筋 0.25 mm，无筋 0.35 mm
	干沟或季节性有水河流	≤0.4 mm
	有冻结作用部分	≤0.2 mm

（三）支　座

支座竖向承载力最小为 1 000 kN，最大为 7 000 kN。

现浇简支梁支座上座板顶面不设坡度，线路坡度采用梁底调整。PZ-6000-ZX 表示：该支座为盆式橡胶支座-设计竖向承载力 6 000（kN）-纵向活动支座形式（DX 表示多向活动支座，HX 表示横向移动支座，ZX 表示纵向活动支座，GD 表示固定支座）。

（1）有无钢件裂纹、脱焊、锈蚀、聚四氟乙烯板磨损、位移转角超限等情况。

（2）支座与梁身、支承垫石间是否密贴。支座预留锚栓孔必须填满捣实。

（3）支座防尘罩是否缺失，支座的橡胶密封件有无老化现象。

（4）支承垫石是否裂纹、破损。

（5）螺栓是否拧紧，有无剪断现象。

（6）防落梁装置不允许紧贴支承垫石。

一般检查活动支座的相对位移值是否均匀，并记录支座的位移情况。检查支座高度变化情况，并做详细记录。应注意保护支座的调高预留孔，防止调高预留孔的损伤给支座调高带来的困难，如图 4.5 所示。

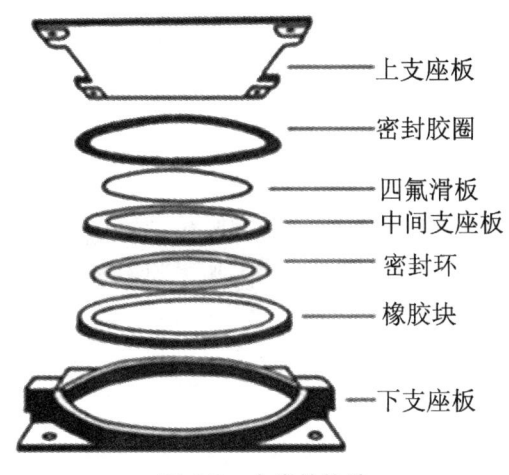

图 4.5 支座的构造

（四）桥　面

1. 防水层

桥面上铺设的防水层应密闭有效，表面平整光顺、清洁干燥，不得有渗水、脱皮、损伤、空鼓、松动、蜂窝麻面、浮土和油污。新旧防水层连接牢固、密贴，排水坡满足设计要求。此外还应注意侧向挡块的周边和泄水孔周边的防水层是否失效。穿越居民区和道路的桥梁，应设横向排水管，将水集中排放。

2. 排水管

排水管需排水顺畅，管节之间应连接牢固，不得露水，检查时特别注意排水管的连接弯头处是否破损、堵塞。管口顶面不得高于桥面，出水端须伸出梁体长度保证排水不污染梁体，如图 4.6 所示。

一般有排水管失效、尿梁、排水管破损及排水管损坏等常见病害。

图 4.6 桥梁的排水管失效、尿梁

3. 防撞墙

防撞墙混凝土强度需达到 C40。防撞墙表面需平整、清洁，不得有掉块、露筋现象及 0.2 mm 以上裂纹。防撞墙每 2 m 设 10 mm 断缝，并以橡胶或弹形嵌缝胶填塞，防撞墙下端过水孔需畅通，并做防水处理。

4. 梁端止水带

检查时应特别注意止水带是否脱落、破损、堵塞、失去防水作用（尤其是博格板下方），止水带的排水软管是否排水顺畅，长度是否满足要求，以及止水带是否牢固、脱落等。

5. 栏　杆

栏杆安装牢固，扶手高度保持一致，用 10 m 弦线测量矢度不得大于 10 mm，栏杆的高度不小于 1.0 m。

6. 遮　板

位置准确，排列整齐、平顺，混凝土无掉块、露筋现象，裂缝宽度不大于 0.2 mm。

7. 声屏障

桥上设置的声屏障应有足够的高度，其底部与桥面结构之间不应留有缝隙，其纵向亦应连续设置不留缝隙。梁缝处的声屏障结构应能适应梁的伸缩变化。

8. 人行道等附属设施（人行道板、电缆槽、接触网支柱基座）

人行道板铺设整齐、齐全、稳固、无损坏，板间空隙均匀一致；电缆槽混凝土无掉块、露筋现象，槽内清洁无杂物，不得设置砂土等易堵塞排水孔的杂物，以利排水畅通；接触网支柱基座预埋螺栓位置准确，混凝土无掉块、露筋现象。

（五）框构及涵洞

（1）涵身是否变形、裂损、露筋，接头是否错位、漏水、漏土。
（2）涵内是否淤积造成孔径不足。
（3）涵渠基底有否冒水、潜流造成基底掏空等。
（4）进出口铺砌、河床导流建筑物和路堤边坡防护设施完好程度。
还应该检查沉降缝封堵是否严密，沉降缝是否渗水等。

（六）限界防护架

净高满足设计要求，安装牢固，具有足够的强度和稳定性，所有构件需进行防腐防锈处理，并设置限高标志。

主要检查的内容有：限界防护架是否未做过防腐防锈处理，梁底是否有车辆剐蹭痕迹。

另外还要形成对于桥梁隧道的定期检查和测量制度。定期检查是对桥隧设备关键部位、易损部位按照一定的周期所进行的全面检查。检查工作由桥隧工区组织进行。桥面检查周期为每季度1次，梁体、支座及墩台的检查周期为每半年1次，隧道、涵洞的检查周期为每年1次。

测量工作在桥梁交付运营的前三年每年进行1次，以后视设备状况，重新确定测量周期或不定期进行。选择重点有代表性的桥梁孔跨，进行徐变上拱的长期观测，开始运营后第一年，每季进行1次观测，第二年每半年进行1次观测，第三年起每年进行1次观测或根据徐变情况确定观测周期。

测量的项目主要有：桥梁上拱度、挠度测量，桥梁振幅测量，墩台工后沉降测量，梁体与轨道底座板相对位移测量。

二、桥梁维修

（一）防水层的维修修补

1. 材　料

喷涂聚脲弹性涂料是一种双组分，不含溶剂、快速固化型。A组分由预聚物或半预聚物与异氰酸酯反应制得，B组分由端氨基树脂和端氨基扩链剂组成。A组分和B组分在专用喷涂设备的喷枪内混合喷出，快速反应固结成灰色的弹性体膜。

2. 运输及储存

涂料应储存在温度为15℃～40℃通风、干燥的库房内，储存和运输途中严禁雨淋、日光曝晒，并应隔绝火源，远离热源，在未启封包装条件下储存期自生产之日起为6个月，超过储存期可按本条件及相关标准进行检验，若符合技术要求仍可使用。

3. 喷涂防水层

防水层涂膜平均厚度不得小于2.0 mm，每平方米涂料用量约2.3 kg。

4. 基层处理

新建混凝土桥面板至少应有7 d养护期。基面应彻底清除油脂、灰尘、污物、脱模剂、浮浆和松散的表层（应采用机械打磨或机械抛丸处理）等，确保基面洁净、干燥和平整。预留后浇混凝土等部位进行密封处理。基面必须具有良好的平整度，不得有明显的坑洞或凸起。如果有明显的坑洞，必须提前3 d~7 d，使用早强聚合物修补砂浆进行修补。

5. 底胶施工

施工前，表面应干燥。使用喷涂设备或者刷涂、辊涂方式进行基面底胶施工，应均匀、不漏涂、不堆积，也不宜太厚。如果基面过于潮湿，需要进行烘干处理。用量约为0.20 kg/m²。

6. 防水层施工

底胶固化后，可进行防水层施工处理。一般在2 h后，24 h之前，进行防水层施工。施工采用专用喷涂设备。

施工前，使用气动搅拌器对涂料的A、B组分分别进行搅拌，低温施工时需采取对物料的预加热措施，严禁加入任何稀释剂。喷涂前先对设备进行调试，各系统运转正常后，按照喷涂设备的要求开始进行施工，涂膜厚度2 mm。为保证防水层质量，分两次喷涂，每层厚度约1mm，每层一次成型到位，两次间隔时间越短越好。涂膜施工完毕24 h内，应避免重物碾压。风力超过三级时禁止施工，或采取必要的防护措施。

在与已施工的聚脲防水层交界处或需要修补处，先用带钢丝圆盘的机械砂轮、钢丝刷或其他工具把需修补的表面打毛，增强机械粘合力。用专用处理剂打毛的表面，从而除去所有灰尘或其他污染物，并软化现有表面。用手工聚脲或喷涂聚脲施工于所需区域，见表4.3所示。

表4.3 喷涂聚脲弹性防水层施工检验、验收标准

项目	技术标准	误差范围	检测频率
厚度	2 mm	±0.3 mm	每孔梁取1组，每组4点取平均值
外观检测	涂层表面光顺，无流挂，无针孔，无起泡，无开裂，高低不平度≤3 mm/4 m		随时
粘接强度	≥2.5 MPa		每批特种涂料检测1组，每组3点取平均值
不透水性	渗水为0		每孔梁取4组，都不渗水
涂膜色泽	应均匀一致		每孔梁

(二)可调盆式橡胶支座调高维修

1. ALGATMT 液压钢化调高盆式橡胶支座

ALGATMT 液压钢化调高盆式橡胶支座分两种,见表 4.4 所示。

表 4.4　ALGATMT 液压钢化调高盆式橡胶支座参数值

吨　别	调高方式	最大调高量
小于 3 000 t	机　械	45 mm
	液　压	60 mm
大于 3 000 t	机　械	45 mm

2. 压注式调高

主要通过液压泵设备向支座底盆内压注特殊的钢化树脂材料,实现多次无级调高,此调高方式适用于竖向承载力 3 000 t(30 000 kN)以下的调高支座。ALGA 公司为京津城际提供的支座预留了 3 个压注孔,压注孔道不能反复使用,每个孔道可完成 ≤20 mm 的调高量。

(1)压注式调高工艺、工序:

① 检查支座实际工作状态,并根据桥上轨道标高调整及墩身不均匀沉降差要求,会同桥梁设计单位,确定拟调高各支座的预计调高量(在调高预留量范围之内)。

② 根据支座钢盆直径,确定所需快速钢化树脂材料(ALGA 独家产品)数量,在实施支座高度调整前备出足够数量的快速钢化树脂材料。

③ 压注施工操作开始前,检查支座调高所用液压设备(油泵、油管、阀门、液压表等)性能及工作状态的可靠性。

④ 压注操作过程中,检查同一墩台上相邻支座调高过程的同步性,避免产生过大的高差,以免对相应梁体造成不利影响。

⑤ 支座高度调整完成后,检查支座标高及支座反力是否符合设计要求。其后关闭压注孔阀门,防止钢化树脂材料固化前于预留孔处流出。

⑥ 支座调高完成后,及时拆除液压设备,并用溶剂清洗设备管道和阀门,防止设备孔道发生堵塞。

(2)调高操作技术要求:

① 支座反力的测量。可在支座调高的同时进行,将压力传感器安装在压注孔阀门处,利用液压原理对支座的反力进行测定。

② 压注施工的设备及材料。高压泵设备最大输出压力为 30 MPa;压注用钢化树脂材料,现场进行调配,固化时间根据需要确定。

③ 施工操作组织。全部调高施工操作,应在专业技术人员的指导下完成。

3. 机械式调高

通过在支座底盆和下锚碇板之间插钢板的方式来实现调高,此调高方式既适用于竖向承载力 30 000 kN 以上的调高支座,其最大调高量为 45 mm,同时也适用于 3 000 kN 以下支座的机械调高功能的使用。调高施工工艺流程如下：

① 检查支座实际工作状态，并根据桥上轨道标高调整要求及桥墩不均匀沉降差情况，会同桥梁设计单位，确定拟调高各支座的预计调高量（在调高预留量范围之内）。

② 根据支座尺寸及拟定调高量，加工调高用钢垫板，厚度规格为 1 mm ~ 45 mm。

③ 拧出待调高支座的所有下锚碇的螺栓。

④ 在待调高的支座旁用适合千斤顶进行起顶梁（高出所需调高量 1 mm ~ 3 mm）工作，插入调高钢垫板拧下锚碇螺栓，但不拧紧。

⑤ 落下千斤顶，使支座受压，然后拧紧下锚碇螺栓。

⑥ 检查支座就位状态，对支座与调高钢垫板之间的缝隙进行封堵，在调高钢垫板外露面上涂油漆进行防锈保护。

4. TGPZ 调高盆式橡胶支座

衡水橡胶股份有限公司的 TGPZ 调高盆式橡胶支座为机械调高支座，承压橡胶板中油腔可取代千斤顶实现自顶升，最大调高量为 60 mm。调高施工工艺如下：

（1）根据拟定调高量预制出与其高度相同厚度（h）的永久性钢垫板，永久钢垫板需喷锌处理。

（2）在需要调高的支座旁，布置临时刚性支撑，临时刚性支撑可采用砂箱加楔形块，楔形块也可由多块不等厚的临时钢垫板（其厚度可分为 1 mm、2 mm、5 mm、10 mm 四级）代替。临时支撑也可采用千斤顶。

（3）拆卸支座不锈钢围板和橡胶围板，安装上、下支座的连接板及连接螺栓（螺母不可拧紧，预留一定间隙），以备后续排空油腔操作需要。

（4）将梁底螺栓（或地脚螺栓，优先选择梁底螺栓）旋出大于需调高高度的长度，为防止梁体发生偏移，螺栓不可旋出套筒。

（5）将油泵油管与支座油腔的外露油嘴连通。

（6）油泵加压，将二甲基硅油压入支座油腔内，以液压起梁。支座顶升过程中用 8 mm 量块测量并控制升起位移量。

（7）支座顶升至额定值（分次起梁时），停止油泵加压并锁住油路，调整临时刚性支撑高度，将梁顶紧。

（8）油泵回油，拧紧支座上、下座板的连接螺栓将油腔内的硅脂油压出，用（或调换）临时钢垫板（分次起梁时用，平面上分 4 块均匀布置，其厚度采用 5 mm ~ 6 mm），插入上座板顶与梁底之间（或下座板底与垫石之间，优先选择在上支座板顶与梁底之间添塞钢板）的间隙。拧松支座连接螺栓，重复步骤（6）~（8），直到顶升到需要调整的高度为止。

（9）梁体起顶至预定调整位置（工程整修所需要的）后，用刚性支撑将梁临时撑住，拧紧支座上、下座板的连接螺栓，将油腔内的硅脂油压出，为防止梁体发生偏移，将预先准备的永久钢垫板插入上座板顶与梁底之间（或下座板与垫石之间），对正一个已旋出梁底螺栓（地脚螺栓）的螺栓孔，拧好梁底螺栓（地脚螺栓）但不拧紧，再旋出其他梁底螺栓（地脚螺栓）把钢垫板旋转对正其他螺栓孔，最后拧紧所有梁底螺栓（地脚螺栓）。

（10）油泵再次加压将梁稍稍顶起，拆除刚性临时支撑，油泵回油后拆除连接板及螺栓，安装上支座围板，支座调高完毕，如图 4.7 所示。

图 4.7 调高盆式橡胶支座

5. KTPZ-TG 系列调高盆式橡胶支座

衡水宝力公司的 KTPZ-TG 系列调高盆式橡胶支座具有液压及机械双重调高能力，最大调高量为 70 mm。其中，机械调高工艺与 ALGATMT 型 3 000 t 以上支座基本相同，区别是调高量有所不同；压注调高部分设有 4 个预留孔道，调高工艺与 ALGATMT 液压钢化调高盆式橡胶支座的压注式调高工艺基本相同，区别是填充材料要求及调高量不同。

（1）KTPZ-TG 系列支座可以通过在上座板与梁底直接加垫钢板的方式（需要使用千斤顶顶梁），增加 10 mm 的调高量。在更换支座螺栓的情况下，则可再增加 30 mm 的调高量。总机械调高量可达 40 mm。

（2）KTPZ-TG 系列调高盆式橡胶支座使用的填充材料为聚氨酯橡胶，通过填充聚氨酯橡胶可实现最大 30 mm 的无级调高。

（三）有关技术要求

（1）聚氨酯橡胶预聚体中含有异氰酸酯基，必须储存在充分干燥的密封桶内，不允许水分进入，在施工过程中也要尽量避免水汽的侵入。

（2）支座调高功能使用时，尽量先使用机械调高能力，后使用压注调高功能。

第五章
高铁客运专线轨道几何尺寸的检测与维修

由于我们的高速铁路客运专线技术发展的时间不是很长,在客运专线的养护维修方面还没有相对成熟的经验和方法,对客运专线的养护维修处于探索阶段。因此,下面以我们国家起步较早的京津城际轨道线路的养护维修经验为例来说明客运专线的养护维修作业方法,以供大家学习与参考。

第一节 京津城际轨道简介

随着我国综合国力的不断提高和国民经济水平的日益增长,轨道交通的重要性也日渐突显,铁路作为我国交通运输的骨干,也已进入跨越式发展阶段。根据《中长期铁路网规划》,我国将新建"四纵四横"高速客运专线网和环渤海圈、长江三角洲、珠江三角洲三大中心快速铁路客运系统。京津城际轨道交通是我国建成的第一条高速城际轨道交通工程,2005 年 7 月开工建设,2008 年 8 月 1 日正式通车运营,是客运系统的示范、样板和标志性工程。京津城际铁路的建成有利于加强两城市间的客货交流及产业技术合作,带动环渤海经济圈协调发展,促进城市间优势互补,不断改善人民的物质文化生活水平,同时也为奥运会提供了良好的交通运输条件,为实现区域经济可持续发展和全面建设和谐社会奠定了基础。

一、京津城际铁路概况

京津城际铁路是连接首都北京和天津市的重要交通工程,起于北京南站,终至天津站,总里程为 120 km,设计时速 300 km 以上,最高可达 350 km,建成通车后高峰小时最短发车间隔为 3 min,京津两地实现 30 min 内到达,全线共设北京南、亦庄、永乐、武清、天津五个站,其中永乐站为预留站,京津城际铁路线路及主要车站平面图如图 5.1 所示。

本线修建于华北平原地区,沿线地势平坦、场地宽阔,曲线各要素取值均较大,一般地段最小曲线半径取 7 000 m,困难条件下取 5 500 m,靠近北京、天津枢纽端的减、加速地段采用与行车速度和地形条件相适应的较小曲线半径,全线最大曲线半径为 12 005 m。由于线路采用高架桥跨越京津两地外环线,故线路最大坡度较大取 18.5‰,最小坡段长度一般不小于 900 m。为了满足设计速度 350 km/h 的要求,新建线路线间距一般地段取 5 m,靠近北京、天津段加、减速地段分别采用 4.4 m 和 4.6 m。

图 5.1 京津城际铁路线路及主要车站平面图

京津城际客运专线正线线路按一次铺设跨区间无缝线路设计,全线主要采用德国博格无砟轨道技术铺设而成。线下工程中桥涵共 31 座,长 100.3 km,占线路长度的 86.1%,其中最大跨度为跨越北京四环、五环的大桥,分别采用 60 m + 128 m + 60 m 加劲拱连续桥和 80 m + 128 m + 80 连续梁桥;路基工程共 6 段,长 16.25 km,占线路长度的 13.9%,全部为软土及松软土地基,施工中采用换填土施工法进行施工。

铁路运输系统采用综合调度集中系统,全线共设置 2 座牵引变电所。沿线设置若干座通信铁塔,通过卫星信号对列车无线通信、调车组通信系统提供信号。运行列车为高速动车组,列车运行自动控制,编组 8 辆,定员 600 人,设计年度近期为 2020 年,京津间客流每天达 10.4 万人,每天开行列车 186 对,远期为 2030 年,每天开行列车 203 对,有效解决京津城际间交通运输问题。

二、京津城际铁路线路轨道结构

京津城际铁路全线主要采用德国博格板式无砟轨道结构。上部轨道结构主要由钢轨、扣件、轨道板、水泥沥青砂浆层、支撑层/底座板等结构组成。其关键技术是将预制、打磨好的轨道板直接放置在混凝土支撑层上,通过轨道板与支撑层间填充水泥沥青砂浆层调整轨道板,保证结构的精度,同时采用板间纵向螺栓连接各轨道板,使其整体性能得到提高。

博格板式无砟轨道各结构部件及技术条件简要介绍如下。

1. 钢 轨

主要采用 CHN60、定尺长 100 m 的无螺栓孔热轧 PD3 钢轨焊接而成无缝钢轨。

2. 扣 件

博格板式无砟轨道扣件系统主要采用德国福斯罗(Vossloh)300 型扣压件,此扣件属弹条式,有螺栓,不分开式,有挡肩结构。福斯罗标准扣件主要由 2 个 Skl15 弹条、2 个 Ss 轨枕螺栓、2 块 Wfp15a 轨距挡板、1 块 Zw 692 轨垫、1 块 Grp 铁垫板、1 块 Zwp 104 NT 弹性底板垫和 2 个 Sdu26 塑料绝缘套管组成,其结构如图 5.2 所示。

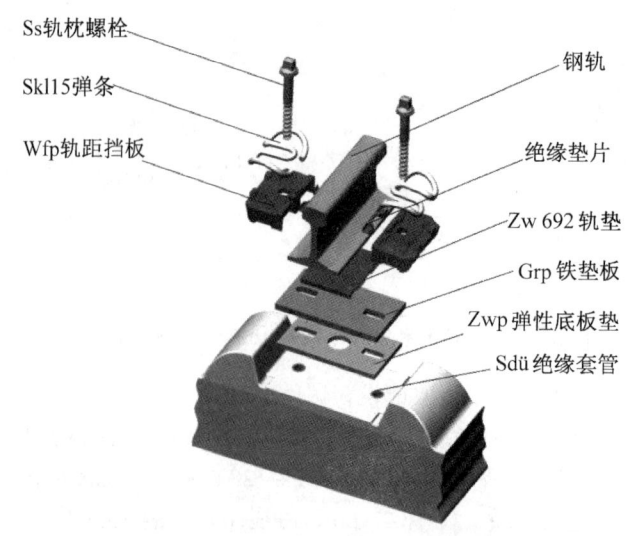

图 5.2 Vossloh300 型扣件结构图

一般而言,与有砟轨道由道床起主要调节作用不同,无砟轨道轨道板、支撑层/底座等均为混凝土结构,水泥沥青砂浆层弹性也很小,主要靠扣件系统起调节作用,从而保证使用、维修对线路的要求。因此,扣件系统的技术指标也有了很大变化,具体数值如表 5.1 所示。

表 5.1 Vossloh300 型扣件技术指标

钢轨扣件类型	直接安装
按照 EN13146-1 的纵向钢轨防爬力	≥9 kN
按照 EN13146-7 测量的扣压力	≥18 kN
螺栓抗拔力	≥120 kN
弹条垂直方向疲劳性能	2.6 mm
轨距调整	± 16 mm
高度调整	+ 56 mm/ − 4 mm
静态刚度	20 kN/mm ~ 30 kN/mm
弹条 Skl15 的弹程	> 15 mm

福斯罗扣件中,弹条为 ω 形弹条,由螺栓与预埋于轨枕或轨道板内的塑料套管配合紧固弹条。一般轨枕上设置承轨槽(预制并用数控机床打磨),利用轨距挡块固定和调整钢轨的横向位置,使弹条直接扣压在钢轨上,其左右位置调整量可达 ± 16 mm。轨下为双层弹性结构,具有轨下垫板和弹性基板两层弹性层,具有足够的调高能力,调高量可达 30 mm(− 4 mm ~ + 26 mm),通过垫调高垫板还可将钢轨最高调到 + 56 mm。Vossloh300 型扣压件是博格无砟轨道保持线路标准的重要部件,它具有足够大的横向、垂向调节能力,有效保证线路的平顺运行。

Vossloh300 型扣件调节机理如下:

(1)横向调节轨距。

轨距调节主要是通过更换不同宽度的轨距挡板,实现单股钢轨调节量为 + / − 8mm 范围内的横向调节,每次调节 1.0mm,按线路要求对不同规格的轨距挡板块进行调配,从而满足行车要求。调整轨距的轨距挡板规格系列如表 5.2 所示。

表 5.2　轨距挡板规格系列

钢轨外侧	钢轨内侧	轨距调整量	钢轨内侧	钢轨外侧	
Wfp 15 a－8	Wfp 15 a＋8	＋16	Wfp 15 a＋8	Wfp 15 a－8	
Wfp 15 a－3	Wfp 15 a＋3	＋6	Wfp 15 a＋3	Wfp 15 a－3	
Wfp 15 a－3	Wfp 15 a＋3	＋5	Wfp 15 a＋2	Wfp 15 a－2	
Wfp 15 a－2	Wfp 15 a＋2	＋4	Wfp 15 a＋2	Wfp 15 a－2	
Wfp 15 a－2	Wfp 15 a＋2	＋3	Wfp 15 a＋1	Wfp 15 a－1	
Wfp 15 a－1	Wfp 15 a＋1	＋2	Wfp 15 a＋1	Wfp 15 a－1	
Wfp 15 a－1	Wfp 15 a＋1	＋1	Wfp 15 a	Wfp 15 a	
Wfp 15 a	Wfp 15 a	1 435　＋/－0	Wfp 15 a	Wfp 15 a	实行标准
Wfp 15 a＋1	Wfp 15 a－1	－1	Wfp 15 a	Wfp 15 a	
Wfp 15 a＋1	Wfp 15 a－1	－2	Wfp 15 a－1	Wfp 15 a＋1	
Wfp 15 a＋2	Wfp 15 a－2	－3	Wfp 15 a－1	Wfp 15 a＋1	
Wfp 15 a＋2	Wfp 15 a－2	－4	Wfp 15 a－2	Wfp 15 a＋2	
Wfp 15 a＋3	Wfp 15 a－3	－5	Wfp 15 a－2	Wfp 15 a＋2	
Wfp 15 a＋3	Wfp 15 a－3	－6	Wfp 15 a－3	Wfp 15 a＋3	
Wfp 15 a＋8	Wfp 15 a－8	－16	Wfp 15 a－8	Wfp 15 a＋8	

（2）垂向调节高低。

Vossloh300 扣件中，除轨下垫板可调高以外，外加了 AP20 塑料调高垫板和 AP20 钢制调高垫板两种，使其调高能力可达到 60 mm。其中轨垫规格为厚度 2 mm～8 mm 的橡胶垫板，AP20 塑料调高垫板为厚度 6 mm 或 10 mm 的塑料调高垫，AP20 钢制调高垫板厚度为 20 mm。根据设计要求扣件调高分为 3 种高度调整方式，分别通过嵌入 Zw 692 轨垫、Ap 20 塑料调整垫和 Ap 20 钢制调节板实现。

3 种调节方式如下：

① 利用轨垫实现 －4 mm 至 ＋2 mm 范围内的高度调节，通过更换轨垫每步调节 1 mm，并根据高度调节量选择正确的轨枕螺栓，如表 5.3 所示。

表 5.3　利用轨垫调节钢轨轨面高度参数表

高度调程 单位：mm	塑料调整垫 组合型号： AP20-x(1＋r) 厚度 6 mm 或 10 mm	钢制调节板 组合型号： AP20S 厚度 20 mm	Zw 轨垫 组合型号： Zw 692-x 厚度 2 mm～8 mm	轨枕螺栓 组合型号： Ss36 长度 230 mm～280 mm
＋2			1×8 mm	2×230
＋1			1×7 mm	2×230
0－标准设计			1×6 mm	2×230
－1			1×5 mm	2×230
－2			1×4 mm	2×230
－3			1×3 mm	2×230
－4			1×2 mm	2×230

② 通过嵌入 Ap 20 塑料调整垫和 Zw 692 轨垫实现 +3 mm 至 +28 mm 范围内的高度调节，并根据高度调节量选择正确的轨枕螺栓，如表 5.4 所示。

表5.4 通过嵌入塑料调整垫高度参数表

高度调程 单位：mm	塑料调整垫 组合型号： AP20-x(1+r) 厚度 6 mm 或 10 mm	钢制调节板 组合型号： AP20S 厚度 20 mm	Zw 轨垫 组合型号： Zw 692-x 厚度 2 mm～8 mm	轨枕螺栓 组合型号： Ss36 长度 230 mm～280 mm
+28	2×10 mm + 1×6 mm		1×8 mm	2×250
+27	2×10 mm + 1×6 mm		1×7 mm	2×250
+26	2×10 mm + 1×6 mm		1×6 mm	2×250
+25	2×10 mm + 1×6 mm		1×5 mm	2×250
+24	2×10 mm + 1×6 mm		1×4 mm	2×250
+23	2×10 mm + 1×6 mm		1×3 mm	2×250
+22	2×10 mm		1×8 mm	2×250
+21	2×10 mm		1×7 mm	2×250
+20	2×10 mm		1×6 mm	2×250
+19	2×10 mm		1×5 mm	2×250
+18	1×10 mm + 1×6 mm		1×8 mm	2×240
+17	1×10 mm + 1×6 mm		1×7 mm	2×240
+16	1×10 mm + 1×6 mm		1×6 mm	2×240
+15	1×10 mm + 1×6 mm		1×5 mm	2×240
+14	2×6 mm		1×8 mm	2×240
+13	2×6 mm		1×7 mm	2×240
+12	1×10 mm		1×8 mm	2×240
+11	1×10 mm		1×7 mm	2×240
+10	1×10 mm		1×6 mm	2×240
+9	1×10 mm		1×5 mm	2×240
+8	1×6 mm		1×8 mm	2×230
+7	1×6 mm		1×7 mm	2×230
+6	1×6 mm		1×6 mm	2×230
+5	1×6 mm		1×5 mm	2×230
+4	1×6 mm		1×4 mm	2×230
+3	1×6 mm		1×3 mm	2×230

③ 通过嵌入 Ap 20 塑料调整垫、Ap 20 钢制调节板和 Zw 692 轨垫实现 +29 mm 至 +56 mm 范围内的高度调节，并根据高度调节量选择正确的轨枕螺栓，如表 5.5 所示。

表 5.5　通过嵌入塑料调整垫高度参数表

高度调程 单位：mm	塑料调整垫 组合型号：AP20-x(1+r) 厚度 6 mm 或 10 mm	钢制调节板 组合型号：AP20S 厚度 20 mm	Zw 轨垫 组合型号：Zw 692-x 厚度 2 mm～8 mm	轨枕螺栓 组合型号：Ss36 长度 230 mm～280 mm
+56	1×10 mm + 1×6 mm	2×20 mm	1×6 mm	2×280
+55	1×10 mm + 1×6 mm	2×20 mm	1×5 mm	2×280
+54	2×6 mm	2×20 mm	1×8 mm	2×280
+53	2×6 mm	2×20 mm	1×7 mm	2×280
+52	3×10 mm	1×20 mm	1×8 mm	2×280
+51	3×10 mm	1×20 mm	1×7 mm	2×280
+50	3×10 mm	1×20 mm	1×6 mm	2×280
+49	3×10 mm	1×20 mm	1×5 mm	2×280
+48	2×10 mm + 1×6 mm	1×20 mm	1×8 mm	2×270
+47	2×10 mm + 1×6 mm	1×20 mm	1×7 mm	2×270
+46	2×10 mm + 1×6 mm	1×20 mm	1×6 mm	2×270
+45	2×10 mm + 1×6 mm	1×20 mm	1×5 mm	2×270
+44	2×10 mm + 1×6 mm	1×20 mm	1×4 mm	2×270
+43	2×10 mm + 1×6 mm	1×20 mm	1×3 mm	2×270
+42	2×10 mm	1×20 mm	1×8 mm	2×270
+41	2×10 mm	1×20 mm	1×7 mm	2×270
+40	2×10 mm	1×20 mm	1×6 mm	2×270
+39	2×10 mm	1×20 mm	1×5 mm	2×270
+38	1×10 mm + 1×6 mm	1×20 mm	1×8 mm	2×260
+37	1×10 mm + 1×6 mm	1×20 mm	1×7 mm	2×260
+36	1×10 mm + 1×6 mm	1×20 mm	1×6 mm	2×260
+35	1×10 mm + 1×6 mm	1×20 mm	1×5 mm	2×260
+34	1×10 mm + 1×6 mm	1×20 mm	1×4 mm	2×260
+33	1×10 mm + 1×6 mm	1×20 mm	1×3 mm	2×260
+32	1×10 mm	1×20 mm	1×8 mm	2×260
+31	1×10 mm	1×20 mm	1×7 mm	2×260
+30	1×10 mm	1×20 mm	1×6 mm	2×260
+29	1×10 mm	1×20 mm	1×5 mm	2×260

3. 轨道板及支撑层/底座

博格无砟轨道钢轨下由轨道板、水泥沥青砂浆、支撑层/底座等组成，结构如图 5.3 所示。

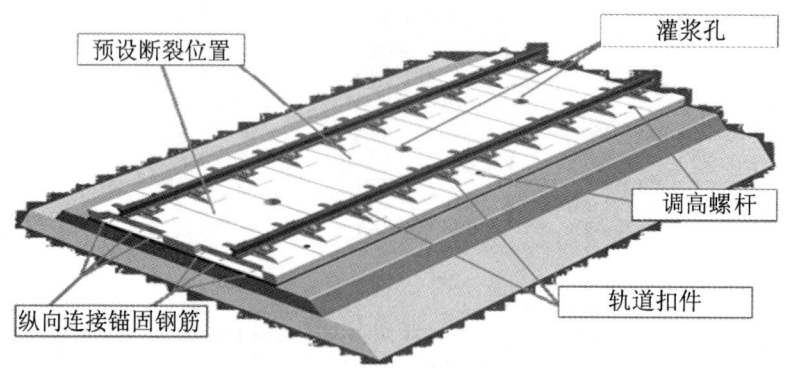

图 5.3 博格无砟轨道结构示意图

钢轨下铺设轨道板，轨道板是博格无砟轨道的重要组成结构。轨道板尺寸为 6.45 m × 2.55 m × 0.2 m、重约 9 t 的钢筋混凝土板，板上设有承轨台，承轨台要在专门的打磨车间进行打磨，满足线路要求的精度后方可使用。一般每块板设有 10 对承轨台，承轨台之间设有横向预裂缝，轨道板表面设有横向排水坡，板面中间有灌注孔用来灌注水泥沥青砂浆，板与板的交接处每端留有 2 块用来张拉钢筋的窄接缝（如图 5.4），每个缝里留有 3 根钢筋。当钢筋张拉好后再放入绑扎好的钢筋笼，最后再浇筑混凝土，灌满接缝并修整平表面，通过连接两端板的张拉钢筋，实现轨道板纵向连接的整体性，同时也解决了板端部变形问题。

图 5.4 板端窄接缝

轨道板下为水泥沥青砂浆层，施工中从轨道板表面上的灌注孔灌入，砂浆层厚约 30 mm，为半刚性材料，弹性模量达到 5 000 N/mm^2，接近其下的支撑层，砂浆层具有连接轨道板和支撑层成整体结构、可在施工和维修中调节轨道高低、具有一定的弹性层等作用,是提高轨道平顺性的重要结构层。

水泥沥青砂浆层下是水硬性支撑层/底座。水硬性支撑层用在路基上,厚约30 cm,用C15混凝土现场浇筑而成,为素混凝土支撑层,支撑层表面应进行拉毛,水硬性支撑层作为轨道系统的直接基础,其下为级配碎石良好的防冻层作为基础。底座用于桥梁上,内配钢筋,用C20混凝土现场浇筑而成,有很强的抗压、抗拉能力,重量比水硬性支撑层轻,厚度比水硬性支撑层低,有利于降低桥梁高度、减轻桥梁二期恒载。

轨道板和支撑层/底座是博格板无砟轨道结构的主要持力层,一旦修建成,其维修养护困难,因此要求有足够的使用年限,例如支撑层/底座要求有60年的使用寿命,如此长的使用寿命,要求在修建时有严格的技术指标来控制,保证在运营中能够安全运行并达到使用年限。作为混凝土结构层,其技术指标主要是控制裂缝的产生和扩展,博格板无砟轨道结构要求轨道板表面上和预裂缝处裂缝宽度≤0.2 mm,且产生的裂缝要均匀,要求支撑层上裂缝≤0.5 mm,且不能连续、贯通;作为水泥沥青砂浆层,主要是控制其配合比,保证弹性模量在设计范围内,施工中要严格控制施工质量,主要是控制灌注中的饱满度,尤其是在曲线超高处,不能出现空洞,以免留下后患。

三、京津城际路基概述

路基是铁路线路基础的重要形式,京津城际铁路线上路基段博格无砟轨道为我国北方地区铺设无砟轨道提供了丰富的施工经验和有利的数据支持。京津城际路基上博格板无砟轨道工务主要设备如表5.6所示。

表5.6 路基工务主要设备表

设 备	作 用
钢 轨	导向、承力、传力
Vossloh300型扣件	提供足够的扣压力扣压钢轨
轨道板	持力、保持纵向稳定
水泥沥青砂浆层	联结、调节高低、一定弹性
水硬性支撑层	持力、传力、保持纵向稳定
路基本体	持力
排水槽	路基防排水设施
线路及信号标志	标示、标记

在京津城际铁路线上使用了标准双线路基,路基面宽度为13.8 m,一次修筑双线路基的路拱形状为梯形,梯形上宽为8.2 m,两侧设4%的横向排水坡,路拱高为0.1 m。曲线加宽时,仍保持梯形路基面形状不变,按4%坡外延。区间曲线地段路基面宽度,无砟轨道在曲线外侧按0.1 m数值加宽,加宽值在缓和曲线范围内线性渐变。

无砟轨道路基双线标准横断面图如图 5.5，由图可见，路基包括基床和路堤本体，基床又分为基床表层和基床底层，表层厚度 0.7 m，底层厚度 2.3 m，总厚度为 3.0 m。

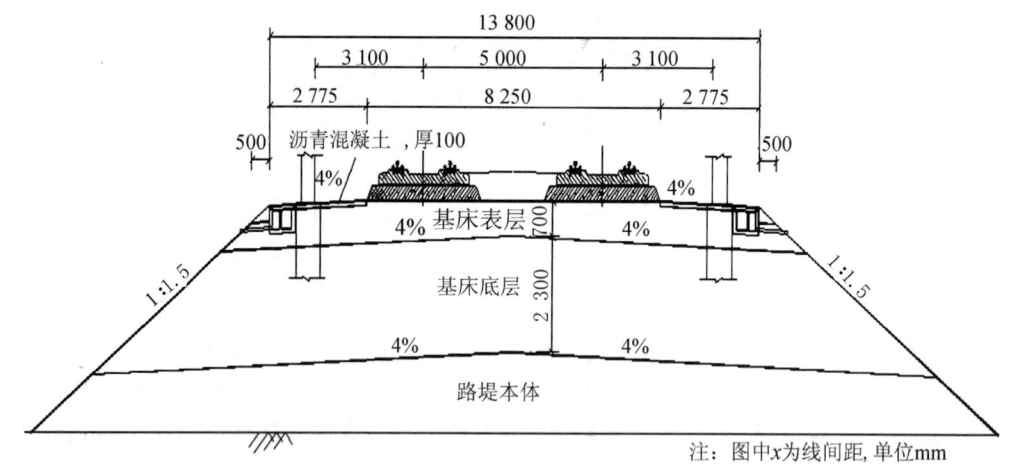

图 5.5 双线路堤标准横断面图

京津城际铁路要求平顺性很高，而路基作为线下基础部分最重要的是要控制路基沉降，本条线路要求一般地段工后沉降值不大于 2 cm，路桥过渡段不大于 1.5 cm，不均匀沉降不大于 2 cm/20 m。

路基沉降是由 3 种原因引起的，第一是列车行驶时路基面产生的弹性变形，第二是运营阶段由行车引起的基床累积下沉，第三是路堤及地基产生的压密下沉。其中在施工结束交付运营期最主要的是由第二种原因引起的塑性下沉，只有在将其变形控制在允许的范围内才能保证高速动车的安全运营。

基床表层是铁路路基最关键的部位，也是受力最为复杂、最易破损的部位，为了控制路基变形，先要强化基床表层。对基床表层进行加固处理，修筑中基床表层填筑级配碎石，使其满足动应力小于动强度的动力学原则。另外，基床表层与周围环境直接接触，受外界气候影响较大，为了防止雨水等侵入路基造成路基沉降，在基床表层轨道两侧设置沥青混凝土防水层，有效防止水造成的沉降。基床底层的填料也有明确的规定，要与表层结构在受力和连接上保持一致。

京津城际铁路路堤优先选用 A、B 组填料或 C 组块石、碎石、砾石类填料，当选用 C 组细粒土填料时，应根据土源性质进行改良后填筑。除进行改良路堤土质外，京津城际铁路线部分高于 5 m 的高路基采用设置扶壁式挡土墙，从而减少了路堤荷载，降低了工程造价，提高了沉降控制效果。为了进一步降低沉降量，采用了 CFG 桩等刚性桩作为控制沉降的主要手段，桩径 0.4 m，桩间距 1.5 m，并根据 CFG 桩承载能力高的突出特点，在桩顶设置了钢筋混凝土板，保证了路堤荷载向桩基的有效传递，最大限度地利用了桩身的承载能力，提高了沉降控制的可靠度。

四、京津城际桥梁概述

为了满足客运专线轨道安全性、平顺性的要求，京津城际全线桥梁占很大比例，且桥梁的上部结构等与既有线也有很大的区别,为了满足稳定性,新增加了许多工务设备和结构,这些设备和其作用如表 5.7 所示。

表 5.7 桥梁上工务主要设备表

设 备	作 用
钢 轨	导向、承力、传力
桥上用小阻力扣件	有足够的扣压力扣压钢轨
轨道板	持力、保持纵向稳定
水泥沥青砂浆层	联结、调节高低、一定弹性
混凝土底座	持力、传力、保持纵向稳定
侧向挡台	保持轨道横向稳定
出水坑	排 水
滑动层（两布一膜）	保证底座的自由伸缩
梁接缝处硬质泡沫弹簧板	弹性、保持梁端稳定
梁接缝处剪力孔	固定线路设备
摩擦板与端刺	路桥过渡段端传力结构
防撞墙	防止列车冲出桥外
线路及信号标志	标示、标记

京津城际桥梁在设计施工中最特别之处就是在桥台后路基上设置摩擦板,可将桥梁上传来的荷载传入地基,摩擦板宽度一般为 9 m,厚度为 0.4 m,长度根据不同桥梁结构计算确定。摩擦板端设置端刺,可将没有经过摩擦板传入地基的剩余荷载传入地基,并且产生很小的位移,端刺的外侧设置过渡板,保证桥梁和路基段的平稳过渡。整体看来桥面板与桥台、摩擦板、端刺、过渡板形成一条长带,其结构如图 5.6 所示。

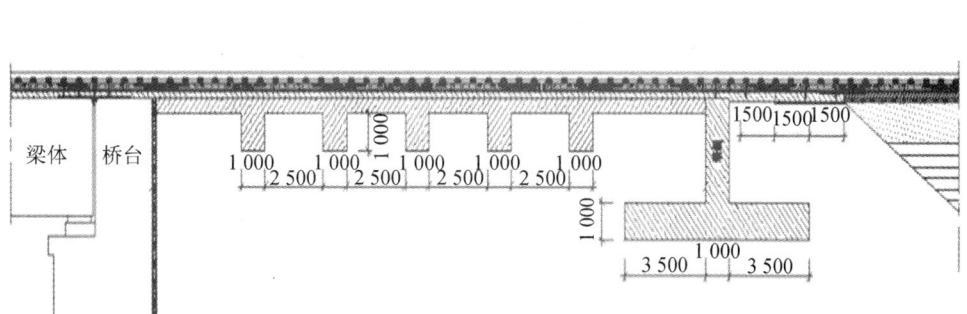

图 5.6 京津城际铁路桥梁结构图

桥梁在桥面板施工完后,首先要在梁缝端设置弹簧板（属硬质泡沫塑料板）,以抵抗桥面板翘曲，保持桥面板端处平稳过渡。梁缝处属墩、台等固定区，在弹簧板外端设置剪力槽来固定轨道板。然后在桥面板和摩擦板上铺设滑动层。滑动层由两布一膜组成。两层土工布采用白色聚丙烯材料做成，厚 2.2 mm。两层土工布分别与桥面板和底座接触，起到粘结作用，中间夹着用 PE-HD 聚乙烯做成的高密度滑动膜，保证底座和桥面板之间可以有一定滑动量，以致由钢轨上传来的力不直接传给桥墩，而是通过滑动层由道床板传至摩擦板和端刺，进一步传入路基。滑动膜上再铺设底座、轨道板，安装钢轨扣件，完成轨道的铺设。京津线桥梁上，博格板式轨道整体修筑完成后，会在轨道边修筑侧向挡台，侧向挡台为一方形混凝土墩，用来约束轨道的横向移动，确保轨道横向稳定。

五、京津城际铁路线路测量技术

京津城际铁路采用无砟轨道结构形式，其突出优点就是耐久性强，其中底座等部件的使用期限要达到 60 年之久，如此长的使用期限要求线上、线下工程都尽量做到少维修或不维修，客运专线设计时速一般都在 200 km ~ 350 km，要求线路有较好的平顺性、稳定性，所需线路标准也相当高，这就要求建立与线路条件相匹配的高精度测量网。

京津城际铁路工程项目的测量工作主要分为平面控制测量和高程控制测量，而按施测阶段、施测目的及功能又可分为勘测控制网、施工控制网和运营维护控制网。

客运专线无砟轨道铁路工程测量平面控制网分三级布设。第一级为基础平面控制网（CPI），为全线各级平面控制的勘测、施工、运营维护提供坐标系，一般沿线路长度布置，间距 1 000 m ~ 4 000 m 布设一对点，点位置选在距线路中心 100 m ~ 200 m 范围内，应按 B 级 GPS 测量要求控制，并在勘测阶段完成，全线一次布网、统一测量、整体平差。第二级为线路控制网（CPⅡ），主要为勘测和施工提供控制基准，在 CPI 基础上沿线路附近布设，一般距线路中心 50 m ~ 100 m，且要选在不易被破坏的地方固定点位。第三级为基桩控制网（CPⅢ），主要为铺设无砟轨道和运营维护提供基准，一般在线下工程施工完成后施测，采用导线测量或后方交汇法施测，并闭合于 CPⅠ、CPⅡ控制点。CPⅢ控制点宜设于线路外测，距线路中心应为 3 m ~ 4 m，间距宜为 150 m ~ 200 m，测设、检验均满足各项限差要求后应永久固定，设置在稳固、可靠、不易被破坏和便于测量的位置，以利于运营维护中的使用和以后的监测、检测。在 CPⅢ基础上，还可以设维护基桩，在轨道旁边可固定的位置设置，要标示清晰，测量方便，为无砟轨道养护维修时所需的永久性测量点。

博格无砟轨道系统结构可以保证耐久稳定的轨道位置，由此可以保证上部结构的少维修。为了确定和评估系统的实际状态，必要的检查是必不可少的。设备检查是按照规定的内容、按计划在规定的时间间隔内进行的重复的检查。但常规的设备检查不能满足其要求时，还需在已知的受损位置进行重点检查。轨道的任务是确保列车按规定的速度安全平稳不间断运行，因此轨道几何状态亦应保持与列车运行相匹配的规定状态。随着客运专线等高速线路的建设，列车速度将大幅提高，对轨道几何形位标准要求也是越来越高，故而采取动态检测的周期也越来越短。但静态检测还不能完全由动态检测来替代，因为静态检测可随时测量轨道的几何形位，指导施工和维修作业。因此，京津城际维修组采用静态和动态两种方式进行检查。设备检查的主要内容包括轨道几何尺寸、结构检查及探伤检查。

第二节　京津城际线路的静态检查

一、《京津城际铁路无砟轨道线桥设备维修规则（试行）》对静态检查的要求

工务维修组按规定对线路、道岔设备全面检查，并做好记录。
（1）每月对道岔的轨道几何尺寸和结构全面检查一遍。
（2）每半年对线路的轨道几何尺寸全面检查一遍。
（3）每季对线路轨道结构全面检查一遍。
（4）每季对无缝线路钢轨位移观测一遍。
（5）对严重病害地段和薄弱处所进行经常检查。

二、手工检查

（一）线路、道岔几何尺寸的检查

1. 专用表格

对于线路、道岔几何尺寸的检查，结合设备的特点，要制定用于线路检查的专用表格，其中检查的内容、项目、容许值要规范全面。

2. 检查工具

检查线路的工具：电子道尺、小线、板尺、1 m 直钢尺。
检查道岔的工具：精调支架、电子道尺、板尺、支距尺、塞尺、小线、盒尺、方尺、1 m 直钢尺。

3. 具体检查方法

电子道尺逐根枕木测量轨距、水平。
精调支架测量 FAKOP 值和钢轨方向。具体测量时一头放在 1 号枕木，另一头放在 40 号与 41 号枕木之间。然后用板尺测量弦线和基本轨刨切点之间的距离。
支距起点位置在以尖轨尖为起点向岔后量 20.631 m 处。沿直股每 2 m 一测点。共量 20 个点，21 点位置在第 20 点向岔后量 1.024 m 处。21 点标准支距分别为 220 mm、262 mm、307 mm、356 mm、409 mm、466 mm、526 mm、589 mm、657 mm、728 mm、802 mm、880 mm、962 mm、1 048 mm、1 137 mm、1 230 mm、1 326 mm、1 426 mm、1 530 mm、1 680 mm、1 694 mm（支距尺寸仅限于京津城际 18 号道岔）。
塞尺测量尖轨部分和可动心部分顶铁之间的密贴程度、尖轨和滑床板之间的密贴程度。

（二）轨道结构检查

轨道结构检查的内容包括轨距挡块、弹条、垫板是否齐全有效，预埋塑料套管、螺栓、塑

料调整块是否齐全有效，轨道板预设混凝土裂缝宽度、其他裂缝宽度、挡肩掉块情况，CA 砂浆离缝情况，底座板裂缝情况，挡块的掉块程度，防水层是否完好，线路标志是否齐全有效，排水设施是否畅通等。

（三）道岔巡视

京津城际维修组驻永乐、亦庄、武清站驻站人员每天天窗点上线巡视道岔，巡视内容包括钢轨表面缺陷、轨道结构和上部结构设施的状态情况，路基是否有破损、溜塌，支撑结构、工程结构状况是否稳定良好，铁路过渡段等与轨道有关的设备状态是否良好。

三、安伯格小车检查（测量原理、测量方法）

京津城际是我国第一条时速 350 km 的铁路，也是我国第一条采用 CTRS-Ⅱ型轨道板式轨道的客运专线。在既有线上普遍使用的道尺、大板、小线等检查工具已完全不能满足京津城际铁路高精度的要求。而 GRP1000 型轨检小车解决了以前手动测量读数所造成的人为误差较大的问题，将测量精度提高到 +/− 1 mm，满足我国高速铁路轨道检查的要求。

（一）安伯格小车简介

安伯格 GRP1000 轨检小车主要用于轨道的相对测量和绝对测量。通过内置的轨距测量、超高测量和里程测量的传感器可以测量轨道的轨距、超高、里程、扭曲等相对参数；同时，轨检小车上还安置了反射棱镜，所以还可以在全站仪的辅助下，测量轨道中线坐标和轨面高程等绝对参数。在以上测量功能的基础上，GRP 内部控制软件还可以自动计算出轨道的轨向、高低以及纵坡。

GRP1000 可提供轨道几何测量的综合报表，用户可定义报表的输出内容，根据需要输出轨道中线坐标、轨面高程、轨距、超高等几何参数，如图 5.7 所示。

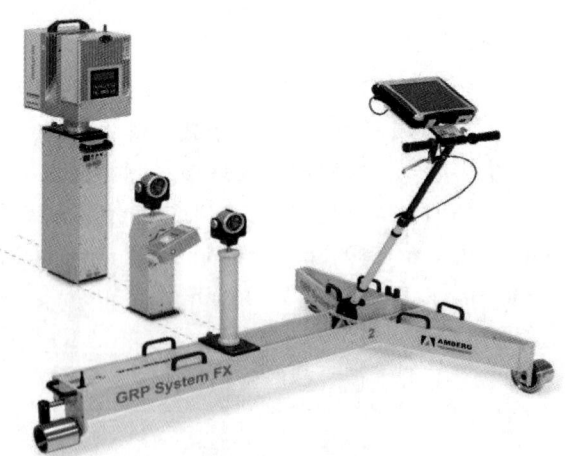

图 5.7 安伯格 GRP1000 轨检小车

（二）主要功能及技术规格

1. 功能范围

（1）记录轨道线型。

配合全站仪可精确测量轨道线型，并可将当前线型与原始设计进行比对，可以用于轨道的竣工验收及后期维护测量。

（2）轨道施工测量。

在进行铺轨时可精确测量轨距、超高、中线、高程等轨道参数，并实时显示校正值，以指导施工人员对轨道进行调整。由于轨检小车测量精度很高，所以非常适合客运专线或高速铁路施工的需要。

2. 工作效率

安伯格GRP1000轨检小车的工作效率如表5.8所示。

表5.8 安伯格GRP1000轨检小车的工作效率

前提条件	
GRP1000轨检小车安装	10 min
安装并对Leica TPS全站仪进行定位	20 min
目标距离（小车-全站仪）	200 m
轨道轴线方向测量交叠长度	20 m
轨道轴线方向测量点的间隔距离	10 m
使用1台Leica TPS全站仪的工作效率	
单线轨道	450 m/h
双线轨道	700 m/h
使用2台Leica TPS全站仪的工作效率	
单线轨道	600 m/h
双线轨道	1 000 m/h
一般空气状况下的典型目标距离	
无砟轨道施工	60 m～80 m
有砟轨道维护	100 m～200 m

3. 工作范围

安伯格GRP1000轨检小车的工作范围如表5.9所示。

表5.9 安伯格 GRP1000 轨检小车的工作范围

适用轨距/mm	1000、1067、1435、1520/24、1600、1668/76
测量速度	
单一测量（坐标、超高、轨距；取决于测量模式和全站仪的类型）	3 s~8 s
TGS FX 传感器测量范围	
轨距（相对于标准轨距）	－25 mm ~ ＋65 mm
超高	
- 角度 - 相对于 1 435 mm 轨距	－10°~＋10° ＋/－225 mm

4. 测量精度

安伯格 GRP1000 轨检小车的测量精度如表5.10所示。

表5.10 安伯格 GRP1000 轨检小车的测量精度

里程分辨率	＋/－5 mm
里程误差	<0.5%
轨距（静态）	＋/－0.3 mm
超高（相对于 1 435 mm 轨距）	＋/－0.5 mm
轨检小车三维定位	＋/－1 mm
GRP 系统内部精度	＋/－0.5 mm

5. 其他工作参数

安伯格 GRP1000 轨检小车的其他工作参数如表5.11所示。

表5.11 安伯格 GRP1000 轨检小车的其他工作参数

电 池	
轨检小车测量供电（LEICA）	NiMH, 12 V, 8 A·h
工作时间	8 h
控制计算机（Panasonic）	Li-ion, 11.1 V, 6.6 A·h
工作时间	4.5 h
工作环境	
温度范围	－10 ℃ ~ ＋50 ℃
湿 度	80%，无凝结
系统自重	
GRP1000（1 435 mm 标准轨距）	27.0 kg

（三）全站仪

系统配合 LEICA TPS 全站仪工作，LEICA 全站仪用于 GRP 测量系统的绝对定位，两者之间可进行无线通信。适用的型号是有自动跟踪目标功能的 TPS1100/1200/2000 系列，可强力搜索目标棱镜，自动照准。轨检小车棱镜高于轨面 50 cm 以上，以避免全站仪对棱镜的跟踪被阻断。

（四）工作计算机

一台笔记本电脑，显示器采用高亮度触摸屏，操作便捷。配备读卡器，便于存储数据。

（五）控制软件

在软件中可根据客运专线设计要求，导入或绘制设计线型等资料；测量完成后可根据相关标准对实际数据进行分析。

（六）GRP1000 型轨检小车的使用方法

1. 轨检小车自检

每次使用小车前都需要进行一次自检，操作很简单，只需将小车在轨道上的同一位置进行互换，用于检测小车本身的进度是否达到要求。

2. 安装棱镜

在小车前进方向两侧 CPⅢ点上各安装 4 个棱镜，棱镜方向与小车前进方向一致。

3. 全站仪的使用

将全站仪支在距小车前进方向 60 m ~ 70 m 的同一行的线路中心，也就是一对相邻 CPⅢ点的距离，并将全站仪对中、调平。人工照准最远方的一对 CPⅢ点，仪器便可以自动照准剩余的 6 个 CPⅢ点，因为 8 个 CPⅢ点都为已知点，全站仪自带的程序会将刚才照准的 8 个 CPⅢ点进行误差分析，取其中的 6 个 CPⅢ点进行平差计算，最后确定自己的位置，也就是全站仪的坐标。这样全站仪就安放完成了，如图 5.8 所示。

4. 小车数据采集

小车的数据采集是一个相对比较轻松的过程，可以根据现场的需求安排数据采集的方式，通常情况下岔区和曲线地段可以采用每根枕木都数据采集的方式，而直线地段则可以一块板采集 3 个点（板的两头和板中）。

小车推到地点后，松开手闸小车便固定下来，操作小车上的电脑进行数据采集，全站仪会自动照准小车上的棱镜，并将采集的数据通过无线电传给电脑并储存。

图 5.8　轨检小车与全站仪的配合使用

5. 转　站

当小车推到接近全站仪时,就需要转站了。首先将小车最后方的棱镜转到最前方,再将全站仪前移 60 m～70 m,对中、调平,就可以继续上述 3、4 步的操作了。

(七) 内业处理

内业处理是一项相当重要的工作,将采集回来的数据输入电脑,进行如下操作。

1. 程序的设定

自带的程序里需要将一些标准和已知的数据输入,比如说轨距、水平的允许偏差,曲线头、尾、缓圆、圆缓点的坐标,全长,缓长等。

2. 数据校验

输入电脑的数据经过程序的处理计算输出轨距、水平、轨距变化率等我们需要的形式。程序可以将这些数据中的某一项以波形图的形式输出,使我们很直观地看到某一单项指标的状态。同时也可能发现一些变化很大的数据,原因可能是测量过程中的误差造成的,这些误差是不可避免的,我们要将这些误差较大的数据找出并分析原因,对不能用的数据进行删除,完成数据的校验。

3. 数据处理

对校验后的数据,再次用程序计算重新输出,再将输出的数据导出,形成很直观的表格形式(见表 5.12),完成内业的处理。

以上,就是轨检小车使用的具体过程。

表 5.12 轨检小车数据处理表表格

工程名称：京津城际轨道验收静态检测
线别：右线　　　　　　　　　　　　　　　　　　　　　　　　测量日期：2008-02-12—2008-02-20
开始里程：72+006.1　　结束里程：82+002.4　　　　　　　　　提交日期：2008-02-23
开始板号：10765　　　结束板号：12302

序号	轨枕号编号	连续里程	绝对精度					相对精度							
			平面位置偏差 max[10mm]	轨面高程偏差 max[10mm]	轨距偏差 max[1mm]	水平偏差 max[1mm]	扭曲 6.25m max[2mm]	左轨轨向		左轨高低		右轨轨向		右轨高低	
								10m 弦 max[2mm]	150m 弦 max[10mm]	10m 弦 max[2mm]	150m 弦 max[10mm]	10m 弦 max[2mm]	150m 弦 max[10mm]	10m 弦 max[2mm]	150m 弦 max[10mm]
1	10765-1	72+006.1	0.4	-2.4	1.6	0	0.1	0.3	-0.5	-0.2	-0.7	-0.7	-2.0	0	-0.7
2	10765-2	72+009.3	0	-1.9	1.0	-0.3	0.2	-0.1	0.4	0.7	-0.4	-0.4	-0.5	0.7	-0.8
3	10765-3	72+011.9	-0.5	-2.3	0.5	-0.3	0.3	0	0.8	0.2	-0.2	0.6	0.6	0.1	-0.9
4	10766-1	72+012.6	-0.8	-2.3	0.4	-0.6	0.6	0.3	1.1	0	-0.2	1.0	1.0	-0.3	-1.1
5	10766-2	72+015.8	-0.6	-2.8	0.5	-0.4	0.1	0.4	0.8	-0.6	-1.0	0.7	0.8	-0.7	-1.2
6	10766-3	72+018.4	0.4	-2.3	0.9	-0.3	0.1	-0.4	-0.1	-0.1	0.5	-0.7	-0.2	0.1	0.2

第三节　线路动态检查

　　轨道动态实时监测系统是一套以图形方式实时显示线路质量使添乘人员能及时、准确地"看到"线路病害以及为以后线路维护提供依据的软件。它主要有数据实时分析、数据回放分析以及偏差计算等功能，其中的数据实时分析又分为波形分析（分析传感器实时采集的数据）及线路状况分析（分析行车过程中某线路的线路质量）。京津城际采用的动态检查有以下几种方式：① 京津城际开通过渡期添乘确认车确保过渡期安全。② 在开通过渡期时安排对每辆车体实行包车体添乘。汇总添乘数据。③ 开通过渡期后，综合检测车对线路质量进行综合评定。④ 开通过渡期后，每天安排便携式添乘仪对线路质量进行检测。⑤ 开通过渡期后，人体乘车感觉线路质量。

一、常见病害类型及原因分析

（一）道岔方向不良

1. 造成道岔方向不良的原因

（1）忽视对道岔的整体维修，造成道岔前后方向不顺。
（2）作业方法不合理，硬性凑合支距和轨距，造成各接续部不圆顺。
（3）曲基本轨弯折点位置不对，造成转辙部分轨向不良。
（4）钢轨及其零件连接不好，导致方向不正等。

2. 预防整治道岔方向不良的措施

（1）做好道岔前后 50 m 线路的整体维修，经常保持轨面平、方向顺。
（2）做好 FAKOP 基本轨方向。
（3）弯好曲基本轨弯折点，做好轨距加宽递减。
（4）检查确认基本轨既有弯折量，按标准做好弯折段长度和矢量。
（5）加强各部分零件的养护维修，充分发挥各种扣件固定钢轨位置的作用。

（二）转辙器部分常见病害

1. 尖轨与基本轨不密贴发生的原因

（1）转辙机位置与尖轨动作拉杆位置不在同一水平线上。
（2）基本轨弯折点有误。
（3）基本轨或尖轨本身有硬弯。

（4）第一、二连接杆与尖轨耳铁连接的距离不合适。

2. 预防整治尖轨与基本轨不密贴的措施

（1）打磨焊补或更换顶铁。
（2）调整转辙机及尖轨拉杆位置，使其在同一水平线上。
（3）调正基本轨方向，矫正弯折点位置和矢度。
（4）调直尖轨或基本轨，调正方向，改好轨距。
（5）调整连接杆长度，误差较大时，可更换连接杆。

二、道岔可动心轨部分常见病害

（1）车轮通过可动心时产生冲击作用造成可动心方向不良。
（2）预防可动心方向不良时措施：经常检查可动心部分的零配件是否齐全有效，必要时加装绝缘轨距杆。

第四节　轨道线路精调

一、线路精调

为保证线路状态均衡完好，保证列车以规定的速度，安全、平稳和不间断地运行，尽量保证乘车的舒适度，延长设备使用寿命。经检查完毕后，必须对线路设备进行经常性的调整维修。

（一）精调依据

（1）安博格轨检小车提供的静态检查数据。
（2）现场手工检查数据。
（3）综合检测车提供的轨检车资料。
（4）便携式添乘仪资料。
（5）人体添乘感觉。

（二）调整方法及材料

调整轨距和轨向时，应通过更换不同型号的轨距挡板实施，单侧钢轨的横向调整范围为 ±8 mm（轨距调整值和轨距挡板规格组合参考表 5.14）。

调整高低、水平时，应通过更换不同型号的塑料调整垫、Zw692 轨垫和 Ap20 钢制调节板实施，调整范围为 +56 mm/−4 mm。共有 3 种高度调整方式，严禁用其他方式调整高度。

（1）-4 mm 至 +2 mm 范围内的高度调整，通过更换轨垫实现，每步调节 1 mm（高度调程和 Zw 692 轨垫组合参考表 5.15）。

（2）+3 mm 至 +28 mm 范围内的高度调整通过更换 Ap20 塑料调整垫和 Zw 692 轨垫实现，并根据高度调整量选择正确的轨道板螺栓（高度调程和 Ap20 塑料调整垫、Zw 692 轨垫及轨道板螺栓组合参考表 5.16）。

（3）+29 mm 至 +56 mm 范围内的高度调整通过更换 Ap20 塑料调整垫、钢制调节板和 Zw692 轨垫实现，并根据高度调整量选择正确的轨道板螺栓（高度调程和 Ap20 塑料调整垫、钢制调节板、Zw692 轨垫及轨道板螺栓组合参考相关内容）。

（三）线路轨道静态几何尺寸容许偏差管理值

高铁线路轨道静态几何尺寸容许偏差管理值见表 5.13 所示。

表 5.13　线路轨道静态几何尺寸容许偏差管理值

项　目	作业验收	经常保养	临时补修	限速 200 km/h
轨距/mm	+2，-2	+4，-2	+5，-3	+6，-4
高低/mm	2	4	7	8
轨向/mm	2	3	5	6
水平/mm	2	4	6	7
扭曲/(mm/6.25 m)	2	4	5	6

注：① 高低偏差为 10 m 弦测量的最大矢度值。
　　② 轨向偏差，直线为 10 m 弦测量的最大矢度值。

（四）线路精调程序

根据轨检车资料、人体添乘、便携式调整仪提供的动态病害地点，由轨检小车对病害进行静态检测，符合病害内容。

找出病害处所，分析病害原因。

进行综合整修，并做好详细记录。

1. 改　道

不是用常用的钢轨扣件调整，而是通过调整轨距挡板进行调整。轨距挡板型号±1 mm～±8 mm。

方法：将调查的病害提前写在钢轨上，用螺纹套管取下螺栓，取下弹条，更换计算好的轨距挡板，里外口应配合使用（如 +1 mm 配 -1 mm）实现轨距变化，达到预期效果。

2. 高低水平

通过调整胶垫调整高低水平。胶垫型号 2 mm、3 mm、4 mm、5 mm、6 mm、7 mm、8 mm、9 mm、10 mm 九种，标准胶垫为 6 mm。

方法：将调查的病害提前写在钢轨上，用螺纹套管取下螺栓，取下弹条，用起道压机将钢轨打起，撤出原有的垫片，调整提前计算好的垫片，使水平和高低发生变化，达到预期目的。

（五）回 检

整修后对线路病害处所进行回检，达到规定要求，做好详细记录存档。

（六）常用零配件型号

轨距调整量和轨距挡板号码的常规配合见表5.14，高度调程与塑料调整垫、轨垫等的组合见表5.15、表5.16。

表5.14 轨距调整量和轨距挡板号码配合表

左股钢轨		轨距调整量	右股钢轨		备注
钢轨外侧	钢轨内侧		钢轨内侧	钢轨外侧	
wfp15a−8	wfp15a+8	+16	wfp15a+8	wfp15a−8	
wfp15a−3	wfp15a+3	+6	wfp15a+3	wfp15a−3	
wfp15a−3	wfp15a+3	+5	wfp15a+2	wfp15a−2	
wfp15a−2	wfp15a+2	+4	wfp15a+2	wfp15a−2	
wfp15a−2	wfp15a+2	+3	wfp15a+1	wfp15a−1	
wfp15a−1	wfp15a+1	+2	wfp15a+1	wfp15a−1	
wfp15a−1	wfp15a+1	+1	wfp15a	wfp15a	
wfp15a	wfp15a	1 435+/−0	wfp15a	wfp15a	实行标准
wfp15a+1	wfp15a−1	−1	wfp15a	wfp15a	
wfp15a+1	wfp15a−1	−2	wfp15a−1	wfp15a+1	
wfp15a+2	wfp15a−2	−3	wfp15a−1	wfp15a+1	
wfp15a+2	wfp15a−2	−4	wfp15a−2	wfp15a+2	
wfp15a+3	wfp15a−3	−5	wfp15a−3	wfp15a+2	
wfp15a+3	wfp15a−3	−6	wfp15a−3	wfp15a+3	
wfp15a+8	wfp15a−8	−16	wfp15a−8	wfp15a+8	

表5.15 高度调程和Zw轨垫组合表

高度调程 单位：mm	塑料调整垫 组合型号： AP20-x（1+r） 厚度：6 mm或10 mm	钢制调节板 组合型号：AP20s 厚度：20 mm	Zw轨垫 组合型号：Zw692-x 厚度：20 mm	轨枕螺栓 组合型号：Ss36 长度：230 mm～280 mm
+2			1×8 mm	2×230 mm
+1			1×7 mm	2×230 mm
0-标准设计			1×6 mm	2×230 mm
−1			1×5 mm	2×230 mm
−2			1×4 mm	2×230 mm
−3			1×3 mm	2×230 mm
−4			1×2 mm	2×230 mm

表 5.16 高度调程和塑料调整垫、Zw 轨垫及轨道板螺栓组合表

高度调程 单位：mm	塑料调整垫 组合型号： AP20-x(1+r) 厚度：6 mm 或 10 mm	钢制调节板 组合型号：AP20s 厚度：20 mm	Zw 轨垫 组合型号： Zw692-x 厚度：2 mm～8 mm	轨枕螺栓 组合型号：Ss36 长度：230 mm～280 mm
+28	2×10 mm+1×6 mm		1×8 mm	2×250 mm
+27	2×10 mm+1×6 mm		1×7 mm	2×250 mm
+26	2×10 mm+1×6 mm		1×6 mm	2×250 mm
+25	2×10 mm+1×6 mm		1×5 mm	2×250 mm
+24	2×10 mm+1×6 mm		1×4 mm	2×250 mm
+23	2×10 mm+1×6 mm		1×3 mm	2×250 mm
+22	2×10 mm		1×8 mm	2×250 mm
+21	2×10 mm		1×7 mm	2×250 mm
+20	2×10 mm		1×6 mm	2×250 mm
+19	2×10 mm		1×5 mm	2×250 mm
+18	1×10 mm+1×6 mm		1×8 mm	2×240 mm
+17	1×10 mm+1×6 mm		1×7 mm	2×240 mm
+16	1×10 mm+1×6 mm		1×6 mm	2×240 mm
+15	1×10 mm+1×6 mm		1×5 mm	2×240 mm
+14	2×6 mm		1×8 mm	2×240 mm
+13	2×6 mm		1×7 mm	2×240 mm
+12	1×10 mm		1×8 mm	2×240 mm
+11	1×10 mm		1×7 mm	2×240 mm
+10	1×10 mm		1×6 mm	2×240 mm
+9	1×10 mm		1×5 mm	2×240 mm
+8	1×6 mm		1×8 mm	2×230 mm
+7	1×6 mm		1×7 mm	2×230 mm
+6	1×6 mm		1×6 mm	2×230 mm
+5	1×6 mm		1×5 mm	2×230 mm
+4	1×6 mm		1×4 mm	2×230 mm
+3	1×6 mm		1×3 mm	2×230 mm

二、道岔精调

（一）调整方法及材料

轨距、轨向调整，应通过更换不同规格的偏心调节锥体实现，单组扣件的横向调整范围为±12 mm，级差为 1 mm。

调整高低、水平时，应通过更换不同规格的道岔隔垫板实现。隔垫板厚度分为 2 mm、3 mm、6 mm 和 10 mm 等规格，当隔垫板总厚度超过 26 mm 时，需要更换加长螺栓。

尖轨或基本轨伤损时，尖轨与基本轨应同时更换；可动心轨辙叉伤损时，必须整组更换。

（二）道岔静态几何尺寸容许偏差管理值

高铁线路道岔静态几何尺寸的容许偏差管理值见表 5.17 所示。

表 5.17　道岔静态几何尺寸容许偏差管理值

项　目		作业验收	经常保养	临时补修	限速 200 km/h
轨距/mm	岔区	+2，−1	+4，−2	+5，−2	+6，−4
	尖轨尖	+1，−1	+2，−2	+3，−2	
高低/mm		2	4	7	8
轨向/mm	直线	2	3	5	6
	支距	2	3	4	—
水平/mm		2	4	6	7
扭曲/(mm/6.25 m)		2	4	5	6

注：① 支距偏差为实际支距与计算支距之差。
　　② 导曲线下股高于上股限值，作业验收为 0 mm，经常保养为 2 mm，临时补修为 3 mm。

（三）道岔精调程序

（1）由轨检小车对道岔进行检测。

（2）根据轨检小车分析出的数据对道岔进行现场核实，对道岔的几何尺寸根据其标准进行复核。

（3）找出病害处所，分析病害原因。

（4）进行综合整修，并做好详细记录。

三、轨道线路几何尺寸调整

（1）改道：不是用常用的钢轨扣件调整，而是通过调整偏心锥调整轨距方向。偏心锥型号 0~12 mm，以 1 mm 为一个级别。

方法：将调查的病害提前写在钢轨上，松开里外口基板与轨枕的固定螺栓，将预压盖及螺栓取下，更换偏心锥体（如：轨距大，将偏心锥体大的一面全部面向道心，也就是里口）。用偏心锥调整螺栓孔径位置，使孔径位置发生变化，用偏心锥挤压基板，使基板发生变化，实现钢轨位移，达到轨距变化的目的，调整后逐根轨枕测量。

（2）高低水平：通过调整垫片调整高低水平。垫片型号有 2 mm、3 mm、6 mm、10 mm 四种，可以叠加使用。

方法：将调查的病害提前写在钢轨上，松开里外口基板与轨枕的固定螺栓，将预压盖及螺栓取下，用起道压机将钢轨打起，撤出原有的垫片，调整提前计算好的垫片，使水平和高低发生变化，达到预期目的。

（3）滑床板离缝：通过调整辊轮下的垫片进行调整。垫片型号有 0.5 mm、1 mm、2 mm 三种。

方法：通过调整辊轮高低，将固定基板螺栓取下，把前后基板螺栓松开，用压机将基本轨尖轨打起，用撬棍撬内侧基板，可将固定辊轮的支架取出，利用内六角扳手将固定辊轮螺栓卸下，调整提前计算好的垫片，解决滑床板离缝问题。

（4）轨底与轨距挡块之间的空隙：外侧的空隙通过调整里外口偏心锥解决；特殊部位可适当利用垫片（如限位器前后）；内侧离缝利用特制的轨距挡板垫片解决离缝超限问题。

（5）整修后对道岔病害处所进行回检，达到规定要求，做好详细记录存档。

四、预防性打磨

为做好钢轨养护维修工作，预防和整治钢轨病害，按周期采用钢轨打磨车进行预防性打磨，延长钢轨使用寿命。钢轨的预防性打磨宜每年安排一遍。

（一）钢轨的打磨标准

（1）钢轨的打磨范围：
① 道岔打磨区域为线路打磨时未打磨地段；道岔打磨与线路打磨结合部重叠打磨 10 m。
② 尖轨尖至尖轨与基本轨间距 100 mm 间部位的尖轨和基本轨不打磨；距辙叉趾和辙叉跟焊缝各 1 m 范围内的辙叉心部位不打磨。
③ 18 号道岔曲股不打磨，39 号道岔直、曲股均打磨。
④ 轨头断面打磨范围：轨面 +8.5°～-57.5°范围内。
（2）打磨的作业次数：直股 13 次，曲股 8 次。
（3）打磨标准：
① 粗糙度不大于 10 μm。
② 磨面宽度应达到以下要求：轨距角（+15°～+45°）≤4 mm；轨距角至轨冠过渡区（+6°～+16°）≤7 mm；轨冠部位（-20°～+6°）≤10 mm。
③ 轨面应无连续发蓝带。
（4）验收标准：钢轨打磨验收标准见表 5.18。

表 5.18 钢轨打磨验收标准

钢轨轨顶面病害	250 km/h≥V_{max}>200 km/h	测量方法
工作边肥边/mm	≤0.2	
焊缝凹陷/mm	≤0.2	1 m 直尺测量矢度
钢轨母材轨顶面凹陷或马鞍形磨耗/mm	≤0.2	
波浪形磨耗/mm	≤0.1	

（二）施工配合

（1）作业前，设备站段提供线路站场示意图。
（2）封锁中的配合：
① 验收组派员随机对作业质量进行检查，发现问题及时指出并提出处理意见。
② 电务部门施工现场配合人员负责电务设备的处理及监守，并和车务人员一同进行道岔确认、转换。

（三）打磨前的准备工作

（1）打磨作业前应清除轨道边易燃物品，避免打磨作业过程中引起火灾。
（2）为保证钢轨打磨满足打磨参数的要求，打磨作业前应消除影响打磨设备正常工作的各种不利因素。
（3）打磨前应调查待打磨地段钢轨的使用情况，根据钢轨表面状态、钢轨伤损和轮轨接触情况，由线路维修技术人员和打磨技术人员共同确定打磨方案。

五、施工安全

（1）施工前由工务机械段主管工程师负责，与相关单位签订施工安全协议，明确施工地点、施工要求、安全职责。
（2）施工前，工务机械段组织施工人员认真学习各类规章、安全协议，明确各设备管理单位的安全要求。
（3）工务机械段在施工以前组织施工人员学习营业线施工安全知识、防范措施及相关规定。
（4）结合施工队实际情况，细化每天的施工方案，制订详细的施工网络图。
（5）施工前与相关单位进行必要的技术交底，明确施工的具体内容（作业技术标准、作业方法、配合要求等）。
（6）制订安全措施，包括在驻地的人身安全，坚决实行一面上下车，防止其他调车作业造成伤害，做好防溜措施，设置隔离红牌，加强自我保护意识。大机检修保养后，清洗配件用的废油、棉纱应妥善处理，禁止乱扔乱放，以防发生火灾。
（7）施工队根据施工方案的要求，制订相应比较全面系统的、符合施工实际的安全措施，并在日常施工中加以执行。
（8）驻站联络员配合好登记和注销工作，并要清楚、理解每次封锁命令的内容，向施工负责人汇报。
（9）封锁期间打磨车转线需搬动道岔时，施工负责人通知驻站联络员，驻站联络员在运统–46登记，车站值班员根据登记向调度所请求同意后电务人员联系搬动道岔。转线完成后，施工负责人通知驻站联络员，驻站联络员再在运统–46登记，车站值班员根据登记向调度所请求搬动道岔至定位。

六、交接办法

大机施工时，丰台工务段派员随机进行大机作业质量检查，发现问题及时指出，打磨机组须及时进行整改；当日作业完成后验收组当场对线路进行验收交接，做好《大型养路机械道岔打磨当日作业验收证》的签认。

七、指令（信息）标准

（1）施工队必须执行次日施工预报制，即将次日施工内容、地点、封锁时间、封锁方式，每天和丰台工务段联系，做好前期准备工作。

（2）施工队当日施工结束后，须及时将施工工作数量、安全正点等情况向丰台工务段汇报。

（3）驻站防护登记、注销作业标准；预报车次及时准确，口令标准、清晰。随车防护应答及时、准确。

（4）机械拆、挂（连接）动作规范，口令、手势标准、清晰、规范。

八、应急预案

施工过程中遇大机发生突发故障时，严格按《大型机械突发故障的处理和起复规定》执行。

第五节　线路控制测量简介

一、运营期间进行控制测量的意义、目的及内容

无砟轨道客运专线引入了全新的维护理念，需要采用绝对坐标来定位线路或恢复线路到设计位置，线路绝对坐标的确定就需要进行控制测量作业。该作业的目的是为线路的精确定位提供坐标基准。该作业的内容主要是平面控制测量和高程控制测量。

二、平面控制测量简介

平面控制网按分级布网的原则分四级布设，第一级为框架网点（CP0），第二级为基础平面控制网（CPⅠ），第三级为线路控制网（CPⅡ），第四级为基桩控制网（CPⅢ）。各级平面控制网的作用为：

（1）CP0、CPⅠ主要为勘测、施工、运营维护提供坐标基准；全线设2个CP0点，1 km~2 km设1对CPⅠ点。

（2）CPⅡ主要为勘测和施工提供控制基准；每200 m~300 m设1个点。

（3）CPⅢ主要为铺设无砟轨道和运营维护提供控制基准。桥上每60 m左右在下、上行两侧的防撞墙上各设1个点，路基也在下、上行两侧的电气化杆基座上每100多米各设1个点。

第二、三、四级控制网之间的相互关系如图5.9所示。

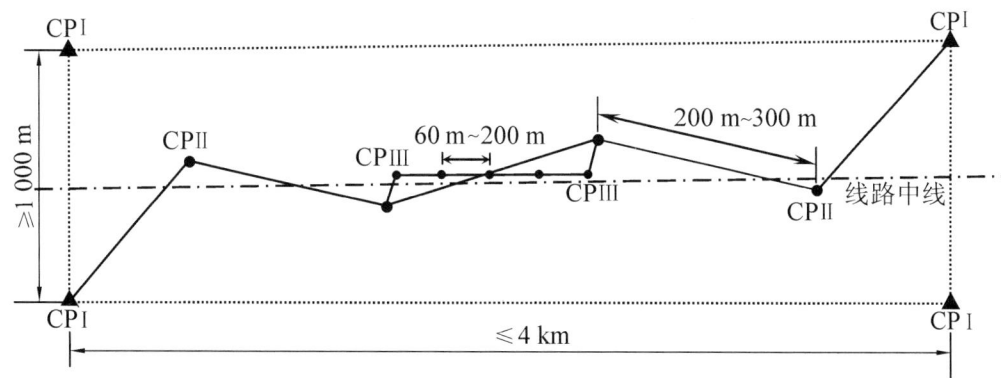

图 5.9 无砟轨道二、三、四级平面控制网示意图

三、高程控制测量简介

高程控制网按国家二等水准测量的精度要求施测。轨道设标网（CPⅢ）按精密水准测量要求施测。

本线的高程控制网设 2 个基岩点，28 个深埋水准点，多个（CPⅠ）、（CPⅡ）、（CPⅢ）点既是平面控制点又是高程控制点，带有精确高程。

以上我们对控制测量有了初步的了解，下面我们主要对用于线路精确定位的点（CPⅢ）的测量和使用有关方法进行介绍。

四、（CPⅢ）点的测量和使用

（一）CPⅢ控制点的平面位置测量

CPⅢ采用角度距离后方交会法测量，CPⅢ控制网采用独立自由网平差，然后在 CPⅠ 或 CPⅡ中置平。置平时相邻段应有足够的重叠，重叠长度应不小于 1 km。

CPⅢ控制网与 CPⅠ 或 CPⅡ控制网通过最小二乘方法获得最合理的联系，但 CPⅢ控制网不做任何改变。其后方交会控制网形状如图 5.10 所示。

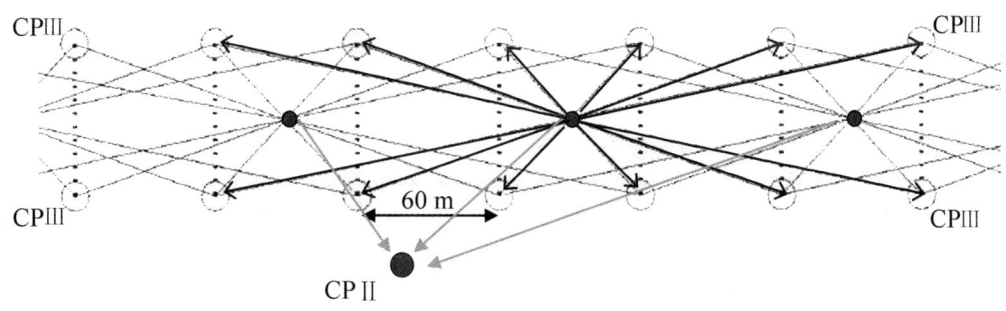

图 5.10 后方交会控制网示意图

（二）控制网设计遵循准则

（1）各级控制点的可重复性测量精度和相邻点位的相对精度应符合表 5.19 的规定。

表 5.19　控制点的定位精度要求　　　　　　　　mm

控制点		可重复性测量精度	相对点位精度
CP Ⅰ		10	$8 + D \times 10^{-6}$
CP Ⅱ		15	10
CP Ⅲ	导线测量	6	5
	后方交会测量	5	1

注：① 可重复性测量精度：控制点两次定位坐标差的中误差或补设、增设控制点时，由现有已知控制点发展的新控制点相对于已知点的坐标中误差。
　　② 表中数据为 X、Y 坐标方向的中误差。
　　③ D 为基线边长，单位为 mm。

（2）任意 3 个相邻 CP Ⅲ 控制点的角度中误差应不大于 8″。

（3）各级控制网的多余观测分量平均值 $\bar{r}$ 宜满足：

$$\bar{r} = \frac{r}{n} > 0.25$$

式中：r——控制网的多余观测数；
　　　n——控制网的总观测数。

（4）全站仪观测限差。

对于水平角观测技术要求，见表 5.20 所示。

表 5.20　水平角观测技术要求

控制网等级	仪器等级	测回数	半测回归零差	2C 较差	同一方向各测回间较差
CP Ⅱ	DJ1	4	6″	9″	6″
	DJ2	6	8″	13″	9″
CP Ⅲ	DJ1	2	6″	9″	6″
	DJ2	4	8″	13″	9″

对于边长的测量，读数应至毫米。距离和竖直角往返各观测两测回。各项限差应满足表 5.21 的要求。

表 5.21　距离和竖直角观测限差

仪器精度等级	测距中误差/mm	同一测回各次读数互差/mm	测回间读数较差/mm	往返测平距较差
Ⅰ	<5	5	7	$2m_D$
Ⅱ	5~10	10	15	

注：$m_D = (a + b \times D)$，为仪器标称精度。
式中：a——仪器标称精度中的固定误差（mm）；
　　　b——比例误差系数（mm/km）；
　　　D——测距边长度（km）。

电磁波测距仪的测距精度划分标准为,测距长度为 1 km 时:

Ⅰ级　　$|m_D| \leq 5$ mm

Ⅱ级　　5 mm $< |m_D| \leq 10$ mm

(三) CPⅢ控制点设置遵循原则

(1) CPⅢ控制点宜设于线路外侧,距线路中线的距离一般为 3 m~4 m,控制点的间距以 150 m~200 m 为宜。对线路特殊地段、曲线控制点、线路变坡点、竖曲线起终点及道岔区均应增设加密控制点,曲线地段加密控制点间距以 50 m~60 m 为宜,它们相对于两端 CPⅢ 控制点的纵、横向中误差应小于 1.5 mm。

(2) CPⅢ控制点应设置在稳固、可靠、不易破坏和便于测量的地方,并应防冻、防沉降和抗移动,控制点标示要清晰、齐全、便于准确识别和使用。

(3) CPⅢ控制点有条件时宜埋设混凝土强制对中标,其标志规格和埋设深度应符合有关规定。

CPⅢ控制点移交后,应对其进行检测,检测的内容、方法与各项限差应满足下列要求:

(1) 检测控制点间夹角时,方向观测应不少于两测回,距离往返观测各两测回。

(2) 控制点间的距离允许偏差为 1/20 000;直线段控制点间夹角与 180°较差应小于 8″,曲线段控制点间夹角与设计值较差计算出的线路横向偏差应小于 1.5 mm;弦长测量值与设计值较差应小于 2 mm。

(四) CPⅢ控制点高程测量

CPⅢ控制点高程测量工作应在 CPⅢ 平面测量完成后进行,并起闭于二等水准基点。

CPⅢ控制点水准测量应按精密水准测量的要求施测。

CPⅢ控制点高程测量采用固定数据平差,平差计算取位按精密水准测量的规定执行,见表 5.22、表 5.23、表 5.24 所示。

表 5.22　各等级水准测量精度要求　　　　　　　　　　　　　　　　　　mm

水准测量等级	每千米水准测量偶然中误差 M_Δ	每千米水准测量全中误差 M_W	限　　　差			
			检测已测段高差之差	往返测不符值	附合路线或环线闭合差	左右路线高差不符值
二等水准	≤1.0	≤2.0	$6\sqrt{L}$	$4\sqrt{L}$	$4\sqrt{L}$	—
精密水准	≤2.0	≤4.0	$12\sqrt{L}$	$8\sqrt{L}$	$8\sqrt{L}$	$4\sqrt{L}$

注:表中 L 为往返测段、附合或环线的水准路线长度,单位 km。

表 5.23　水准测量的主要技术标准

等级	每千米高差全中误差/mm	路线长度/km	水准仪等级	水准尺	观测次数		往返较差或闭合差/mm
					与已知点联测	附合或环线	
二等	2	≤400	DS_1	因瓦	往返	往返	$4\sqrt{L}$
精密水准	4	2	DS_1	因瓦	往返	往返	$8\sqrt{L}$

注:① 结点之间或结点与高级点之间,其路线的长度,不应大于表中规定的 0.7 倍。

② L 为往返测段、附合或环线的水准路线长度,单位 km。

表 5.24 各等级水准观测主要技术要求

等级	水准尺类型	水准仪等级	视距/m	前后视距差/m	测段的前后视距累积差/m	视线高度/m
二等	因瓦	DS_1	≤50	≤1.0	≤3.0	下丝读数 ≥0.3
		DS_{05}	≤60			
精密水准	因瓦	DS_1	≤60	≤2.0	≤4.0	下丝读数 ≥0.3
		DS_{05}	≤65			

（五）CPⅢ控制点在确定线路坐标位置中的应用

在线路中心安置全站仪及轨检小车，在附近的下、上行各四个 CPⅢ 控制点安置棱镜，用角度距离后方交会法测得测站点坐标进而用全站仪测出轨检小车所在处的线路中心坐标，然后将实测坐标与设计坐标进行比较，求得线路平面坐标的偏差，如图 5.11 所示。

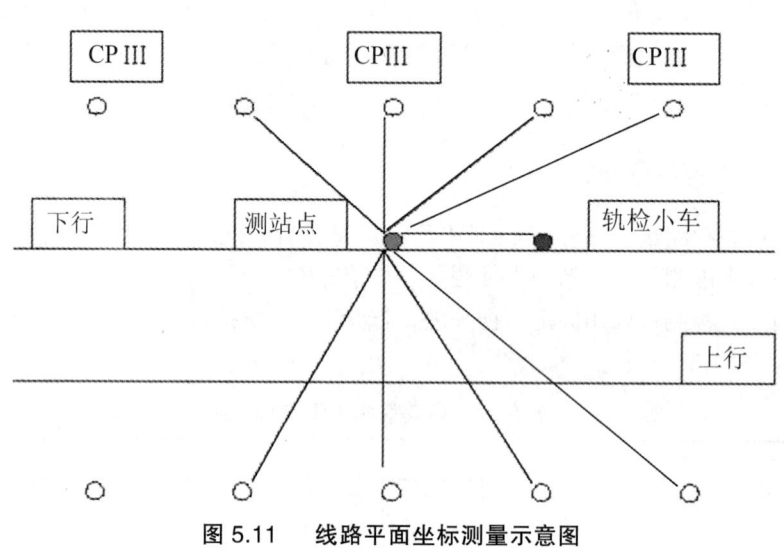

图 5.11 线路平面坐标测量示意图

第六节 道上维修作业预案与应急整修

一、高铁客专铁路道砟胶施工方案

（一）工程概况

高铁客专铁路设计，无砟轨道与有砟轨道过渡段需要对有砟轨道相邻无砟轨道的区段进行道砟胶粘结道床的施工。施工中应充分了解施工地段的情况，做好分段施工及相应的施工组织安排。

（二）一般道砟胶施工方案

1. 施工工序分析

（1）施工设备上道及准备 45 min。
（2）第一段线路扒砟，30 min，不占总时间。
（3）第一段喷射道砟胶 90 min。
（4）道砟胶等强时间 120 min。
（5）回填第一段道砟，30 min，不占总时间。
（6）若完，人员及设备下道 45 min，不占总时间。
以上合计，仅施工一段，工序时间 4.25 h。
（7）继续第二段施工，设备转线 30 min。
（8）第二段线路扒砟，30 min，不占总时间。
（9）第二段喷射道砟胶 90 min。
（10）道砟胶等强时间 120 min。
（11）回填第二段道砟，30 min，不占总时间。
（12）完毕，人员及设备下道 45 min，不占总时间。
以上合计，施工 2 段，工序时间 6.25 h。

2. 施工方案

按要求，高铁客专铁路道砟胶安排大机整道后利用行车天窗施工，每次施工必须连续完成整段长度的道砟胶粘结，原则上，每次封锁点仅在车站一端岔区施工。为此，每次只施工一段或两段，封锁时间 4.5 h 或 6.5 h。

施工严格按既有线行车管理办法申请施工计划，待线路封锁后上道作业，施工点结束前提前下道，确定线路达到开通条件后登记施工结束，开通线路正常行车。

（三）施工技术标准

根据设计部门提供的施工图和博格公司技术指导意见，道砟胶喷射区段按设计图纸要求，满足粘结位置不出现松散道砟，达到图纸设计刚度，不改变或影响原线性。

（四）施工料具及劳动力配置

高铁客运专线线路养护维修与施工料具及劳动力配置见表 5.25 所示。

表 5.25 施工料具及劳动力配置

序号	品 名	数 量	备 注
一、料具配置			
1	轨道平板推车	2台	一部放道砟胶粘接机和道砟胶水，一部放液化气钢瓶
2	石油液化气（丙烷）	5瓶（15 kg）	气量充足
3	空气压缩机	1台	压力>7 bar，排量>0.5 m³/min
4	照明灯	1台	有插头，高功率
5	照明灯连接线	1组	有插口
6	铁锹	6把	平口与尖口各3把
7	撬棍	2把	尖头
8	塑料盖布（15 m×4 m）	2块	防雨用
9	PU清洗液	150 L	
10	32号液压油	80 L	
11	废液桶（50 L）	4	带盖子
12	运输车辆	1辆	
二、劳动力配置 16 人			
1	施工负责人	1	
2	烘烤道砟	1	
3	轨道车操作	2	
4	空气压缩机操作	1	
5	添加道砟胶	1	
6	轨道技术指导	1	
7	扒砟	8	
8	其他	1	
9	驻站及防护	—	

（五）施工方法及工艺

道砟胶粘结区分为3个施工过程。

1. 轨枕下道砟粘结（基砟粘结）

在整个粘结区范围内，留下轨枕下道砟，将其余道砟全部扒开搁置一旁，且待粘结的道砟应清洁、不被污染、不吸附水分。

对轨枕下道砟进行道砟胶喷射，粘结深度300mm，施工时，从与无砟轨道结合部向有砟轨道方向，纵向行进移动依次喷射整个粘结区（15m或分段长度）。

喷射道砟胶按线路一侧向另一侧进行，如：先左侧钢轨外施工，喷射枪摆动幅度约1.4 m、30 cm行程喷射时间25 s。若遇轨枕时，喷射枪摆动幅度改为约0.8 m、30 cm行程喷射时间14 s；两钢轨间轨枕盒内喷射内，喷射枪摆动幅度约1.4 m、30 cm行程喷射时间25 s。线路右侧与左侧同。

2. 全部道砟粘结（间砟和肩砟与基砟的粘结）

在基砟粘结施工完成 2 h 后，回填道床，并按要求整捣密实。

对全部粘结区进行道砟胶喷射，粘结深度 185 mm，施工时，从与无砟轨道结合部向有砟轨道方向，纵向行进移动依次喷射全部粘结区段（5 m 或分段长度）。

喷射道砟胶按线路一侧向另一侧进行，如：先左侧钢轨外施工，喷射枪摆动幅度约 1.0 m、30 cm 行程喷射时间 11 s；若遇轨枕时，喷射枪摆动幅度改为约 0.45 m、30 cm 行程喷射时间 5 s；两钢轨间轨枕盒内喷射内，喷射枪摆动幅度约 1.4 m、30 cm 行程喷射时间 16 s。线路右侧与左侧同。

3. 肩砟粘结

对轨枕下道砟和肩砟粘结区段进行肩砟道砟胶喷射，粘结深度 185 mm，施工时，从施工完毕的全部粘结区段向有砟轨道方向，纵向行进移动依次喷射全部粘结区段（5 m 或分段长度）。

施工时，面对斜坡面，纵向摆动喷枪，喷射枪摆动幅度约 1.4 m，喷射宽度 0.45 m，喷射时间 16 s。

（六）施工安全监控重点

（1）施工前，联系路局工务及相关配合单位派员指导施工。

（2）施工调度下达封锁计划并按要求设置施工防护后，方可由施工负责人组织人员机具上道作业，作业期间，有专人驻站与施工负责人、防护员保持联系，且通信畅通。

（3）为避免封锁点内与邻线通行的试验车辆相干扰，施工机具、材料不得放置在正线上，施工人员严禁在线路上来回穿行，有试验车辆通过时，人员须提前下道避让，材料、机具不得侵限。

（4）道砟胶粘结区段需扒道砟的，不得在当次封锁点前扒开道砟，线路开通前，必须恢复、捣实道床道砟，以免道床阻力减弱引发高铁客专无缝线路胀轨跑道。

（5）在恢复、捣实道床道砟的同时，派专人检查和清除散落在无砟轨道上的道砟，以免影响高速列车安全通行。

（6）施工完毕，及时组织人员、机具下道，施工负责人联系工务部门共同确认线路达到开通条件下，方可拆除施工防护，申请开通线路。

（七）其他注意事项

（1）每次施工点制订详细的施工方案，确定工作量，并组织足够的机具、材料和劳动力，对施工人员进行技术培训。

（2）掌握天气动态，雨天或道砟吸附水分时不得施工，必须施工时应有充足的烘烤机具保证道砟粘结前全部干燥、不吸附水分。

（3）道砟胶喷射施工须避开高温天气进行，以免高铁客专无缝线路胀轨。

二、高铁客专冬季道岔除雪防冻工作预案

为确保冬季降雪期间的运输安全畅通,根据段冬季道岔除雪防冻工作的有关要求,结合高铁客专铁路的实际情况,特制定冬季道岔除雪防冻工作预案。

(一)组织机构

高铁客专维修组应成立冬季道岔除雪防冻工作预案领导小组,并明确组长、副组长、组员的成员名单。

(二)工作要求

(1)各级领导要高度重视,以雪为令,及时到岗到位。

(2)高铁客专组要有针对性地组织干部、职工学习各种故障处理措施,并做好有关恶劣天气的抢修预演工作。

(3)抓住重点,要把线路作为重点,遇到雨雪等恶劣天气增派人员,做好突发性故障的处理。人员不够时,需调动其他车间协助处理突发性故障,减少故障延时。

(4)高铁客专维修组工作人员要以雪为令,积极配合车站、电务进行除雪工作。

(5)在道岔区扫雪时,在扫雪过程中,所有人员的手脚不得放置在滑床板上,防止挤伤。禁止在钢轨上搭放任何工具,防止联电。

(6)天窗点未给,禁止上道作业,在上线过程中,行走人员要保持2 m左右距离,杜绝工具碰撞、碰伤人身伤害等隐患。

(7)除雪人员要听从负责人的统一安排,在现场等点或进行作业时,禁止闲聊、嬉戏打闹。

(8)高铁客专维修组要高度重视冬季除雪畅通工作,克服松懈、麻痹思想,提前做好冬季道岔除雪工作,将有关除雪机具、工具准备好,保证备品数量充足,使用效能良好,明确具体责任分工,加强与车务、电务等单位的联系及配合,确保线路畅通。

(9)各站统一配备除雪工具:喷灯(2个)、风力除雪机。

三、钢轨防断程序

(一)断轨后处理程序

(1)段调度通知客专维修组的时间、故障地点(公里数)、区间、行别。

(2)客专维修组立即组织人员出发并通知有关抢修车间的走行路线。

(3)在接近现场前15 min就可向调度要本线封闭、邻线限速160 km/h的命令。

(4)客专维修组、抢修车间到达现场的时间并确认本线是否封闭,邻线是否慢行,再确认本线封闭、邻线慢行后及时组织人员上道,对故障区段进行检查。对机具、料具专人清点登记后在专人组织下跟随检查人员一同前进,确保快速处理故障。所有上线人员必须从故障地点的一侧上道,禁止跨越线路。

（5）检查人员上线检查发现故障（具体里程、股别、故障原因）汇报调度后，根据故障情况进行紧急处理。

（6）紧急处理：

① 设置停车防护。

② 上好回流线，上好应急夹板，并用紧固器紧好。

③ 钻小眼打好勾线。

④ 撤回流线，撤除防护。

⑤ 由专人检查人员、机具、料具撤除挡墙外方可向调度要本线限速 45 km/h、邻线继续限速 160 km/h 的开通命令，并设置慢行牌、减速递减标。

⑥ 调度给令后，方可开通线路。

（7）要临时处理点（要求本线封闭，邻线限速 160 km/h）。

（8）临时处理：

① 设置停车防护。

② 上好回流线，锯轨，打大小眼，更换不短于 10 m 的同类型钢轨，上好接头、扣件，并检查线路的几何尺寸。

③ 更换后打好勾线。

④ 撤回流线，撤除防护。

⑤ 对机具、料具专人清点核对登记后在专人组织下跟随检查人员一同撤下安全通道后，向调度要本线限速 160 km/h、邻线恢复正常的开通命令。

⑥ 调度给令后，方可开通线路。

（9）斜裂或轨缝大于 50 mm 时，要进行换轨处理：

① 上好回流线，锯轨，打大小眼，更换不短于 10 m 的同类型钢轨，上好接头、扣件，并检查线路的几何尺寸。

② 更换后打好勾线。

③ 撤回流线，撤除防护。

④ 对机具、料具专人清点核对登记后在专人组织下跟随检查人员一同撤下安全通道后，向调度要本线限速 160 km/h、邻线恢复正常的开通命令。

⑤ 调度给令后，方可开通线路。

（二）有关用语

（1）通知车间：客专维修上/下行 XXkm + XX—XXkm + XX，出现 XX（红光、带），从 XXkm + XX，墩号 XX 上。请带好相应工具立即赶赴现场。

（2）向调度要点：客专维修组抢修人员已到达现场，要求封闭本线，邻线限速 160 km/h。

（3）调度给令后：重复调度命令 1 次（时间、地点、调度命令号、调度内容、调度员号）。

（4）发现故障报调度：客专维修组 XXX 在 XX 点 XX 分发现上/下行 XXkm + XX 左/右股 XX（故障原因）。

（5）紧急处理完毕报调度：客专维修线在 XX 点 XX 分紧急处理完毕，请求第一次开通，本线第一趟限速 45 km/h，邻线限速 160 km/h。

（6）向调度要临时处理点：客专维修组抢修人员已到达现场，要求封闭本线，邻线限速 160 km/h。

（7）临时处理完毕报调度：客专维修线在 XX 点 XX 分临时处理完毕，请求第一次开通，本线第一趟限速 160 km/h，邻线恢复正常。

（8）XX 局长、处长、段长，客专维修线上/下行 XXkm+XX 处故障处理完毕，现在人员准备下道，请您批示。

（9）撤离现场报调度：客专维修组抢修人员在 XX 点 XX 分工具清点完毕、下道完毕。

四、钢轨防断安全措施

（一）加强领导，建立防断组织

维修车间成立防断领导小组。防断领导小组定期每月召开专门会议，根据检查组具体情况经常检查冬季防断措施的贯彻落实情况和需要解决的具体问题。

（二）搞好设备检查，做好全面整修工作

（1）对管内设备，特别是高铁客专无缝线路设备要进行全面的检查整修，做好下部基础检查，消灭水平、轨向严重不良处所，消灭超厚垫片、低塌接头、空吊板等严重处所，消除冬季断轨的主要隐患。

（2）全面加强道岔螺栓和扣件螺栓复拧锁定工作，防止高铁客专无缝线路长轨两端非正常的收缩。对不平顺的焊接接头，入冬前进行打磨，正线有一个△及以上的现场焊接头必须要专人负责定时检查，较为严重的可临时进行加固。对各种接头螺栓孔必须进行倒棱处理，防止螺栓孔眼开裂及断轨等隐患发生，并及时上报，在最短时间内进行更换处理。

（3）每年要在 10 月底前对管内线路设备和道岔内的接头和与线路相连的焊接接头全面检查一遍，特别是对焊接接头在承轨台上或承轨台边缘不足 40 mm 的，要进行检查处理工作。

（4）每年 11 月份前要对冬季有可能出现断轨的地点进行原因分析，有针对性地进行整治和处理，特殊情况事先与车间联系，取得段许可后方准进行。

（5）要定期检查螺栓，确保螺栓扭力矩达到规定的标准。

（6）入冬前对可动心提速道岔的加强配件及道岔前后 200 m 线路进行复拧，按规定检查 L 值的变化，发现问题及时解决，防止卡阻现象的发生。

（7）在入冬前要组织好钢轨接头及可动心的手工检查工作，注意监视，做到心中有数。

（8）各项维修作业应严格按新的规定标准执行，严禁超低温作业，为来年防胀工作打下良好基础。

（9）为适应断轨故障抢修要求，在适当时间组织防断演练，努力提高处理三折的能力。

（三）做好防断轨料具的准备工作

（1）按规定高铁客专无缝线路区段备足备用轨，以备断轨后临时处理。

（2）每个高铁客专无缝线路工区要常备 4 根轨道电路接续线及普通 60 kg/m 锁轨器 4 个，鼓包夹板 4 对，短轨头 1 套（30 mm、50 mm、80 mm、100 mm、120 mm 各 1 个）。

（3）各工区配置的防断箱不准加锁，不得作其他用，箱内的防断物品齐全有效；三防室按规定备齐各种备品，用后随时补充。

（4）对电气化区段的防护备品进行检查并准备到位，确保良好使用。

（四）加强值班制度

（1）每天保证有主要负责人昼夜值班，各班组保证每天有 1/2 以上人员值班，必须有 1 名工班长带班。对防断用的切割工具加强管理和维修，保持良好状态。汽车司机及车辆保证良好使用，随叫随到。

（2）防断期间要有住站联络员，方便发生断轨时组织抢修。

（五）防重点地段

（1）钢轨疲劳伤损地段。
（2）道岔前后、高铁客专无缝线路伸缩地段及新整修地段。

（六）断轨后处理及抢修预案

（1）汽车每天保证能够随时出动，防断用各种抢修机具提前装车备用，一旦出现故障，做到能及时出动进行处理。

（2）首先判明断轨地点，按规定设好防护，班组人员迅速赶赴故障地点进行抢修，尽量减少对行车的影响。

（3）在断缝处上好鼓包夹板和急救器，加固后派人看守，限速 5 km/h 放行列车，断缝两端各 50 m 范围内拧紧扣件，如断缝不大于 30 mm 限速可提高至 15 km/h～25 km/h。

（4）在钢轨上钻孔上好夹板和拧紧螺栓后，可根据情况提高限速。

（5）锯掉断缝前后各一段钢轨，插入不短于 6.5 m 短轨后，可恢复正常速度。

（6）如折损严重或断缝拉开大于 50 mm 时应先插入短轨再视情况拦停或限速放行列车。在发现断轨后 30 min 内将现场情况按照《钢轨折断速报表》格式填写后传调度，填写内容要准确、翔实。

（7）临时处理后，应在《钢轨辙岔伤损登记簿》上详细填写断轨情况，特别是断轨尺寸、锯下和插入钢轨长及情况发生和处理时的实际轨温，作为以后永久性处理时的原始依据。

（8）断轨处理全过程要与段调度保持联系，及时反馈和沟通信息，便于上级指挥协调。

（七）防断抢修分工

防断抢修小组配备汽车 1 辆。负责断轨故障处理。

（八）抢修工具

道尺、联电卡子、检查、电台、防护用具、小型切割机、急救器、鱼尾板、紧固器、活扳子、管拧子、打眼机具、连接工具、杠子卡子、两横一纵连接线、撬棍、吊轨车及其他现场所需工具。

五、防断应急预案

为确保客专维修组管内高铁客专无缝线路地段行车绝对安全，预防高铁客专无缝线路地段钢轨意外折断或拉开故障，有条不紊地、正确有效地、安全迅速地处理已经发生的断轨事故，尽可能不延时或少延时，不发生列车掉道、翻车及人身伤亡事故，特制定本预案。

（一）预防措施

（1）车间高铁客专无缝线路观测小组，防断期间加强对高铁客专无缝线路爬行不均地段、高温锁定地段进行专门分析，并作为安全卡控和技术管理的一项重要内容。

（2）重点时期（每年11月1日至次年3月31日），每个工区要配合高铁客专无缝线路观测小组，对管内高铁客专无缝线路伤损或薄弱地段进行详细调查，掌握伤损情况，工长每月要对上述地段进行2遍检查，如有异常，必须立即逐级反馈，由上级尽快制定处理意见（工长将检查情况填写入《手工经常记录本》中，显示检查人、时间、地点、现场情况等）。

（3）进行高铁客专无缝线路维修作业时，要严格执行《修规》规定，不得盲目进行作业，在起道或拨道作业时严禁压机顶焊缝。

（4）各工区备齐高铁客专无缝线路断轨处理工具材料，保证齐全有效，做到人员充足，出现问题能及时处理。现场处理人员必须熟练掌握断轨处理办法。

（二）处理程序及方法

当发生断轨时按下列程序处理：

（1）设置停车信号防护。

（2）发生断轨后及时向车间、段反馈信息（包括时间、地点、股别、现场实际情况等），取得人员、料具支持。

（3）观察断轨状况，并拍照、录像记录。

（4）酌情采取恰当的处理方法消除断轨。

（5）当发生断轨故障时，采取"看、紧、整、配"四字处理法。

看：看高铁客专无缝线路地段的实际情况。

紧：复紧断轨处所及两端各100 m范围内的扣件。

整：按照《修规》规定，采取紧急处理措施或临时处理措施。

配：根据现场实际情况配不短于 6.5 m 的短轨，上紧扣件和接头螺栓，限速开通线路。

待轨端连接处理完毕，将松动扣件全部上紧上齐，负责人用检测工具全面检查线路，并视情节是否采取慢行措施，过车后对设备做进一步检查、记录，各项几何尺寸在允许范围内方可撤离。

六、高铁客专维修组上道作业安全措施

为保证高铁客专铁路列车运行安全和作业人员的人身安全，结合高铁客专维修作业的特点，特制定此安全措施。

（一）上道作业程序

（1）维修作业上道前，维修组主任（副主任）必须确认当日施工计划天窗点起始时间和结束时间。

（2）组织维修作业上道前，当日值班维修组主任（副主任）必须确认当日高铁客专台驻站联络员的姓名、联系方式。

（3）施工计划天窗点有变化时，高铁客专台驻站联络员必须在接到城际台列车调度员允许上道通知后，方可通知城际维修组值班主任（副主任）天窗点变更的正确起始时间和结束时间，同时必须将城际调度员的姓名及本人的姓名一并通知。

（4）主任（副主任）接到驻站联络员通知后，要在登记表上做好通知时间、人员姓名的记录；同时通知各作业点负责人天窗点起始时间和结束时间，并做好相应的时间、姓名记录。

（5）作业点在当日作业结束下道后，负责人必须通知当日值班维修组主任（副主任）作业结束、下道完毕，值班维修组主任（副主任）做好相应的时间、姓名记录。

（6）结束后，值班维修组主任（副主任）要将津城际维修组上道联系登记表装入专项盒内（见表 5.26）。

（二）上、下道作业工机具确认

（1）各维修队必须明确安全员、材料员、重点机具使用人，做到分工明确，各负其责。

（2）各维修队安全员负责上下道作业人员、工具、机具、材料数量的确认工作，安全员不在时，由施工作业负责人负责填写确认表格。

（3）上下道作业材料数量由材料员负责向安全员负责上报，重点机具由使用人向安全员负责上报，其他工具由安全员或施工作业负责人清点，必须做到上下道数量准确无误。

（4）所有上道人员使用的工具、机具必须责任到人，作业结束后，负责人必须对作业现场重新进行检查，杜绝遗留问题。

（5）作业结束后，确认表必须按照各负责人清点的数量进行填写，发现下道数量不对，必须重新清点。在确认表格填写无误时，将表格装入专项盒内。如表 5.26、表 5.27 所示。

表 5.26 高铁客专上线作业机具登记表

日期：　　　　　　　　　　　　　　　　　　　　　　　　　　　带班人：

顺号	工具（机具）名称	上道数量确认	下道数量确认	使用人	备注
1					
2					
3					
4					
5					
6					
7					
8					
9					
10					
11					
12					
13					
14					
15					

表 5.27 高铁客专维修组上道联系登记表

　　　　　　　　　　　　　　　　　　　　　　　　　　　　　　年　月　日

驻站联络员姓名	城际调度姓名	通知时间	维修组值班人姓名	天窗点起始结束时间	备注

各点负责人姓名	通知上道时间	天窗点起、始结束时间	下道回复时间	备注

七、线路突发事件应急处理预案

为保证高铁客专铁路安全平稳运行,保证开通后发生突发事件及时进行抢修,设备车间、工区要加强日常设备检查,加强值班制度,城际车间所有人员必须保证24 h开机。各岗点按规定备好料具,切实保证快速出动、快速检查、快速处置,努力减少故障延时,结合城际线桥设备实际分布情况,相关车间要据此预案要求制订应急预案措施。

(一)故障检查程序

(1)维修组调度员当接到工务处调度通知高铁客专发生设备故障后,应立即通知城际车间值班干部和相关车间,车间干部要立即启动应急抢修预案,将故障概况:

① 立即通知驻站联络员持GSMR手机赶赴高铁客专调度所,赶到调度所后要立即与故障现场取得联系,负责通信联络工作(故障发生时由工务处调度员负责登记、销点)。

② 立即通知工区值班班组长,班组长根据故障类别组织人员、检查工具、GSMR手机、机具、料具、车辆等赶赴现场。同时值班工、班长要使用GSMR手机与高铁客专调度员联系,了解故障地点区间线路封闭情况。在赶到故障地点后,必须确认故障地点是否封闭,在确认封闭后,迅速组织抢修人员从紧急疏散通道进入线路,并按规定设置防护员。在本线封闭,邻线限速160 km/h时,在邻线距故障地点2 000 m处,设防护员1名(防护员必须站在本线防撞墙以外)。在故障地点检查完毕后,要将故障具体检查情况、初步处置方案向车间主任汇报,由车间主任向段调度报告故障具体情况。在车间领导赶到现场后,由车间主任负责组织实施进行抢修工作,有关配合车间必须服从城际车间主任统一指挥。

③ 联系就近相关车间值班干部,车间干部根据故障类别,组织人员、机具赶赴故障现场。

(2)工作人员在天窗内设备检查时发现设备故障时,要立即启动应急抢修预案,将故障概况:

① 立即使用GSMR手机通知高铁客专调度员,由高铁客专调度员负责拦停列车、封闭线路。

② 立即通知车间值班人员,由车间负责通知驻站联络员赶赴高铁客专调度所;通知段调度,由段调度负责上报工务处调度和通知相关车间。

③ 工区值班人员立即携防护用品、所需料具机具等赶赴现场,迅速组织抢修人员从紧急疏散通道进入线路,并按规定设置防护员后进行处置。在天窗点时间不足时,由车间主任使用GSMR手机提前与高铁客专调度员联系,延长天窗点时间,在抢修完毕后通知段调度和驻站联络员,由段调度负责通知工务处调度按规定销点。

④ 联系就近相关车间值班干部,车间干部根据故障类别,组织人员、机具赶赴故障现场。

(3)工作人员在天窗点外设备检查时发现设备故障时,在确定危及行车时,要立即启动应急抢修预案,将故障概况:

① 立即使用GSMR手机通知高铁客专调度员,由高铁客专调度员负责拦停列车、封闭线路。

② 立即通知车间值班人员,由车间负责通知驻站联络员赶赴高铁客专调度所,由段调度负责上报工务处调度和通知相关车间。

③ 工区值班人员立即携防护用品、所需料具机具等赶赴现场。值班工、班长要使用GSMR手机与高铁客专调度员联系,了解故障地点区间线路封闭情况。在赶到故障地点后,必须确认故

障地点是否封闭,在确认封闭后,迅速组织抢修人员从紧急疏散通道进入线路,并按规定设置防护员。在本线封闭,邻线限速 160 km/h 时,在邻线距故障地点 2 000 m 处,设防护员 1 名(防护员必须站在本线防撞墙以外)。在故障地点检查完毕后,要将故障具体检查情况、初步处置方案向车间主任汇报,由车间主任向段调度报告故障具体情况。在车间领导赶到现场后,由车间主任负责组织实施进行抢修工作,有关配合车间必须服从城际车间主任统一指挥。

④ 联系就近相关车间值班干部,配合车间干部根据故障类别,组织人员、机具赶赴故障现场。

(二)强化组织领导,明确各自职责

成立高铁客专故障应急抢修组,下设专业小组。

高铁客专故障应急抢修组组长负责故障应急抢修的组织协调工作。现场由专人负责现场突发事件的指挥、调查、上报、现场资料搜集工作,同时制订处理方案,及时上报段调度,由段调度负责通知需要参加的抢修车间。城际车间待段调度通知相关车间后,为赢得抢修时间,直接指挥抢修车间按指定路线地到达发生故障处所进行抢修,待段领导赶到现场后交由段领导负责指挥。各车间相应成立应急处理抢修队,负责突发事件的抢修工作。各车间应相应细化急处理措施,抢修队每车间不少于 40 人。

(1)调查分析组:由安全副段长任组长,成员由安全科及相关人员负责故障分析、调查取证工作。

(2)现场抢修组:由高铁客专主管段长任组长,成员有技术科、安全科及相关车间负责人,负责故障现场的设备检查、方案确定、现场指挥、线路开通等工作。

(3)材料供应组:由主管副段长任组长,成员有技术科、物资科和料库人员,负责故障抢修用料的组织供应工作。

(4)后勤保障组:由主管副段长和工会主席任组长,成员有办公室和工会人员,负责抢险人员的餐饮住宿、交通用车等。应急抢修料具存放安排永乐店车站,应急料具不少于木枕(2.5 m)500 根。60 kg/m 钢轨 30 根,轨距拉杆 200 根,材料库还应备抬筐 200 个。相关车间的三防室备品也是故障应急处理备用料具。

(5)调度指挥组:由值班段长任组长,成员有技术科、安全和物资科的值班人员。负责上报各种信息,与上级故障处理机构加强联系。

(6)各小组以现场抢修组为中心,在故障现场组成抢修中心,材料供应组和后勤保障组要服从现场抢修组调动。调查分析组和调度指挥组要互相沟通,所有上报信息一律由调度指挥组负责,未经许可,其他组织不得擅自上报。

(7)在各小组人员没有到位前,由值班段长负责,在段成立故障临时指挥中心,负责故障的前期处理工作。

(8)故障损失汇总后经审批后,上报路局工务处、安监室。

(三)责任地段分工及工作程序

1. 工作程序

在接到高铁客专检查组的设备故障的通知后,立即组织工作人员、车辆,携带必要的工具、防护信号、通信设备、材料赶赴现场进行设备故障整修。

2. 工厂（焊轨班组）

（1）管辖范围：高铁客专所有线岔设备。

（2）工作程序：在接到高铁客专检查组的设备故障的通知后，立即组织工作人员、车辆、携带必要的工具、防护信号、通信设备、材料赶赴现场进行设备故障整修。

（四）抢修预案

（1）配合车间备工程车、工具车各 1 辆，抢修工具上车（"三防室"现有料具）、保证车况良好能随时出动。车间每天必须保证有 1 名主任或副主任值班，各车间抢修人员不少于 40 人值班，司机必须坚守岗位，值班期间不得饮酒。

（2）城际车间需备抢修升降车 1 辆，GSMR 手机 4 部，夜间照明设备海洋王充电灯 12 个，海洋王手电 30 个，3 个工区各备工程车 1 辆，3 个工区各配备折叠小自行车 6 辆。工区每天不少于总人数的 1/2 人员值班，轨道车、汽车司机必须坚守岗位，值班期间不得饮酒，保证随时出动。

（五）故障处理安全注意事项

（1）故障发生后，全段工作要以抢修为中心，各项工作要服从和服务抢修工作。

（2）所有参与抢修的人员要服从高铁客专故障应急抢修组和段委员会的统一指挥，按通知要求迅速投入工作。所有应急处理人员要听从调遣，不得以任何理由进行推诿。

（3）应急处理工作中要注意人身安全和交通安全，配合车间要对参加抢修人员的人身和交通安全负责。

（六）高铁客专应急处理紧急疏散通道

将紧急疏散通道告知相关人员。

（七）高铁客专通信联络方式

将通信联络方式告知相关人员。

（八）各类设备故障处理办法

1. 高铁客专断轨处理方案

（1）汽车每天保证能够随时出动，防断用各种抢修机具提前装车备用，一旦出现故障，做到能及时出动进行处理。

（2）首先判明断轨地点，按照故障检查程序规定设防护员等，班组人员迅速赶赴故障地点进行抢修，尽量减少对行车的影响。

（3）当钢轨断缝小于 50 mm 时，应在断缝处上好鼓包夹板和急救器加固，派人看守，限速 5 km/h 放行列车。然后在断缝两端各 50 m 范围内拧紧扣件，按伸缩区要求加装防爬设备，行车速度提高至 15 km/h～25 km/h。接着在钢轨上钻孔，上好夹板和拧紧螺栓后，可根据情况提高限速。最高时速不准超过 80 km/h。

（4）当钢轨断缝大于 50 mm 时，锯掉断缝前后各一段钢轨，在线路上及道岔上插入短轨不短于 10 m，在站线或道岔侧股插入短轨不短于 7 m，锯轨时，锯口锯断缝处不得小于 1 m，适当预留轨缝，用高强度螺栓夹板拧紧。然后在短轨两端各 50 m 范围内拧紧扣件，按伸缩区要求加装防爬设备，行车速度提高至 160 km/h。

（5）钢轨断缝在紧急或临时处理后，应在《钢轨辙岔伤损登记簿》上详细填写断轨情况，特别是断轨尺寸，锯下和插入钢轨长及情况发生和处理时的实际轨温，作为以后永久性处理时的原始依据。

（6）钢轨断缝在紧急或临时处理后，应在原锁定轨温 ±5 ℃ 范围内，重新焊复，进行永久处理。利用当日天窗点，拆下短轨及其两端加装的防爬设备，松开扣件，放散应力；锯掉带螺栓孔部分的钢轨；插入焊接短轨，不得短于 6 m，其长度等于从原钢轨取下的钢轨总长减去 2 个焊缝宽度，然后在焊接钢轨两端同时焊接，当焊缝附近轨温降至正常轨温时，可按正常速度放行列车。

（7）断轨处理全过程要与段调度保持联系，及时反馈和沟通信息，便于上级指挥协调。

（8）备用轨全部存放在永乐店站，发生断轨由轨道车运往现场。

（9）做好各防断抢修地段分工。

（10）抢修工具：道尺、联电卡子、GSMR 手机（1 部）、防护用具、小型切割机、防爬设备、急救器、鱼尾板、紧固器、活扳子、管拧子、打眼机具、连接工具、杠子卡子、两横一纵连接线、撬棍、吊轨车及其他现场所需工具。

2. 道岔故障应急处理方案

（1）发现或接到道岔故障通知后，组织足够人员，携带必要的检查工具和处理材料，立即赶赴现场。按照故障检查程序要求设防护员等。

（2）对道岔转辙部处理，以最快速度排除故障，恢复设备使用。在故障未彻底排除之前，有关人员不得随意撤离现场。

（3）故障处理后，要及时向上级和有关部门反馈故障处置结果和行车要求，并根据现场情况，确定是否限速和派人看守。

（4）驻站联络员按规定到城际调度所签认故障原因及处理结果。车间向上级主管和有关部门书面汇报故障情况，处理结果。

（5）道岔故障分工。重点：做好汽车检修，确保随时出动。

（6）抢修工具：车间需备有锯轨机、钻眼机、发电机、氧乙炔各 1 套。各岗点需备有拨道器、鱼尾板不少于 2 副，鼓包夹板 2 对，备有接头螺栓、扣件不少于 10 套，电扳手、撬棍、扳手、电钻、道尺适量。GSMR 手机 1 部，防护信号等防护备品不少于 1 套。

3. 线路严重晃车处置方案

（1）动态监测装置监测到Ⅳ晃车，列车调度员要通知后续动车组限速 200 km/h 通过。

（2）轨检车检查出现失格公里或静态检查发现严重失格处所，城际车间根据具体情况限速通过。

（3）动态监测装置监测到Ⅳ晃车、轨检车检查出失格，主管副段长要立即赶赴现场组织检查整修，确实危及行车时，要按检查程序规定封闭线路或限速。

（4）整修达标后，开通线路，及时通知驻站联络员登记销点。

（5）对病害进行分析，整修情况逐级上报路局。

（6）对线路区段进行分工。

（7）抢修工具：车间需备有发电机、氧乙炔各1套。各岗点需备有拨道器、鱼尾板不少于2副，备有接头螺栓、扣件不少于10套，电扳手、扳手、道尺适量。GSMR手机1部，防护信号等防护备品不少于1套。

4. 桥梁限界防撞架被撞处置预案

（1）在接到段调度通知或检查发现防撞架被撞，所属岗点要立即赶赴现场查明情况并组织修复。

（2）发生桥梁主体被撞、限高防护架被撞损坏或丢失，所属岗点要通知铁路公安派出所，侦破后，并会同有关部门依法索赔。

（3）发生桥梁主体被撞，所属岗点要立即设好防护，立即通知高铁客专调度所限速或停车。当桥梁主体受损严重时，主管副段长、主管人员立即赶赴现场检查确认，根据伤损情况，确定限速或停止放行列车，并立即安排进行整修。

（4）发生桥梁主体被撞、限高防护架丢失或损坏未修复前，应设置临时限高架，通知交管部门采取禁止或限行机动车措施，并派人24h监护，填报防撞架统计表上报段主管科室。

（5）抢修工具：车间需备有起重吊车1辆，工字钢、发电机、氧乙炔及焊接设备各1套，公路施工路障标20个，GSMR手机1部，防护信号等防护备品不少于1套。

5. 冬季道岔积雪处置预案

（1）各岗点要以雪为令，按检查程序规定设好防护后，及时进行道岔除雪工作。重点对道岔的外锁、可动心部分加强除雪。在道岔区扫雪时，除雪人员在除雪过程中，所有人员的手脚不得放置在滑床板上，防止挤伤。禁止在钢轨上搭放任何工具，防止联电。

（2）各岗点要高度重视冬季除雪畅通工作，克服松懈、麻痹思想，提前做好冬季道岔除雪工作，将有关除雪机具、工具准备好，保证备品数量充足，使用效能良好，明确具体责任分工，加强与电务联系配合，确保线路畅通。

（3）做好道岔除雪分工。

（4）除雪工具：扫帚、铁锹每岗点不少于20把，各岗点必须做好人员分工，安排汽车1辆。

6. 防洪抢修预案

（1）车间汽车每天保证能够随时出动，防洪用各种抢修机具提前装车备用，一旦出现故障，做到能及时出动进行处理。

（2）遇有水害发生时，各岗点职工要迅速将灾情调查清楚，把发生的时间、地点、雨情、水情、灾情、抢险情况和预计抢通的时间分别逐级上报，反馈要快。

（3）车间接到小组水害报告后，值班干部要立即上报城际调度和段调度并火速奔赴事故现场，指挥抢险工作，遇有抢修困难的水害自己无能力处理时，请求上级支援。

（4）无论发生何等水害，为了赢得抢险时间，先到达现场的班组长要主动担负指挥组织抢险任务，待上级领导到达后，及时汇报水害及现场抢险情况，并由上级领导负责统一指挥。

（5）观察水害状况，并拍照、录像记录资料。

（6）抢修后确定线路可放行列车时，要先通知城际调度开通确认车，按 45 km/h 放行列车，过车后对设备做进一步检查、记录，各项几何尺寸在允许范围内方可撤离，并通知城际调度阶梯开通动车组。

（7）做好防洪抢修洪重点处所分工。

（8）抢修料具：道尺、防护用具 1 套，发电机，小型切割机，活扳手 2 把，电扳手 12 个，杠子和卡子 20 套，大筐 100 个，GSMR 手机 1 部，编织袋 2 000 个，斧子 4 把，木工具 4 把，撬棍 20 根，铁锹 20 把，海洋王照明灯 12 个，海洋王手电 20 个，两横一纵连接线及其他现场所需工具。

7. 防胀抢修预案

（1）首先按照检查程序封闭线路，并及时向段调度及有关领导汇报，单线封闭式时，临线必须限速 160 km/h 以下，在确认临线限速后，设置停车信号防护。

（2）向车间、段反馈信息（包括时间、地点、左右股、现场实际情况等），取得人员、料具支持。

（3）观察测量胀轨状况，并拍照、录像记录资料。

（4）有条件时应采取在胀轨长度范围外侧 50 m ~ 100 m 区域内浇水降温，整正线路、拧紧扣件，按 5 km/h 放行列车。现场派人监视线路，并不间断地采取降温措施，待轨温降至接近原锁定轨温时，再恢复线路和正常行车速度。若达不到预想效果，在胀轨处所外侧直线地段锯轨，锯后松开胀轨处所扣件再进行加固，至预想效果。打眼上夹板，在未焊接前，放行列车速度不超过 160 km/h。

（5）检查几何尺寸，特别是轨面高低，视情况限速开通线路。

（6）待轨端连接处理完毕，将松动扣件全部上紧上齐，负责人用检测工具全面检查线路，并视情节是否采取慢行措施，过车后对设备做进一步检查、记录，各项几何尺寸在允许范围内方可撤离。

（7）做好防胀抢修分工。

（8）抢修工具：道尺、检查、GSMR 手机、防护用具、小型切割机、急救器、鱼尾板及螺栓、活扳子、电扳手、打眼机具、连接工具、撬棍、吊轨车及其他现场所需工具。

八、线路扣件复拧作业

针对高铁客专无缝线路个别地段爬行量过大的现象，进行扣件复拧工作，特制定此措施。

（1）明确作业地点及工作量。

（2）明确作业人员组织及组织分工。

（3）作业内容：利用螺栓扳手对爬行量较大地段进行复拧工作。

（4）作业机具：汽油螺栓扳手。

（5）作业方法：由现场负责人指定作业地点，现场作业人员利用螺栓扳手对现场爬行量较大地段进行复拧，作业长度为 100 m～200 m，作业完毕后，现场负责人负责检查及验收。

（6）施工安全措施：

① 在驻调员接到封闭命令后，及时将封闭命令号、封闭时间、调度员号传达给现场负责人。各项命令传达，受令人必须进行符合，确保准确无误。在点毕 30 min 前通知所有人员撤出线路外。

② 现场负责人向作业组长下达作业开始命令。各作业组未接到现场负责人上道命令前，任何人不得上线。

③ 作业前，应对使用工机具、料具列表，并进行清点核查。在接到撤出命令后，安全员严格按工、机具、料表核对所携带工、机具、料具进行清点，保证不遗漏在现场，现场负责人要在人员、工机具材料撤出后，对作业现场进行巡视，确保线上无工、机具材料，清点后报告负责人。

④ 所有参加作业人员必须穿着防护服。

⑤ 在现场作业时作业人员要保持一定距离，避免造成人员伤害。

九、更换焊接钢轨安全技术组织措施预案

对于计划进行切除并现场换钢轨进行焊复的作业，为保证施工地段的质量及安全，特制定如下措施。

（一）施工组织及分工

1. 成立专项换、焊轨施工作业领导小组

组长：主管段长。组员：施工科（科长）、技术科（科长）、安全科（科长）、车间（主任及技术主管人员）、检查监控车间（主任及技术主管人员）、高铁客专维修组相关人员参加。

2. 具体分工

（1）段领导及相关科室：

① 副段长到现场指挥，组织相关科室落实焊轨施工前的协调准备工作，并负责组织督导安全诸项工作。

② 施工科参加人员为现场负责协调参加施工车间，并对施工作业进行布置。封闭点前 2 h 组织人员到轨道车停放地点集结，如没有轨道车到施工现场的附近疏散口通道集结，组织综合机修车间、高铁线路车间及高铁客专维修组召开施工前的布置会，施工过程中协调有关人员的调配工作，施工后组织碰头会。分析当天施工情况。进一步完善今后技术组织措施。

③ 安全科负责施工中的安全布置、防护设置及防护检查工作，及时纠正违章作业，制止不安全的行为，施工参加检查安全防护并对安全方面进行提示、检查，严格落实《高铁客专铁路工务施工作业安全管理办法（试行）》通知的有关要求。

④ 技术科参加人员负责现场的技术交底，严格落实《高铁客专铁路无砟轨道线桥设备维

修规则（试行）》通知的有关焊缝标准的要求。并按焊轨技术管理办法相关规定进行指导、检查、验收。

⑤ 段驻高铁客专调度台人员负责联系落实作业当日施工具体地点并进行登记，给点后及时通知有关车间和部门。

（2）高铁客专维修组：

① 按照具体换、焊轨地点，落实登记、防护工作。施工防护按照《高铁客专铁路工务施工作业安全管理办法（试行）》通知的有关规定进行。

② 根据伤损轨的现场实际情况，及时把线下备用轨进行检查并联系备用轨道车。同时根据焊轨地点情况换焊1根不短于12.5 m与线上钢轨轨型相当的备用钢轨。

③ 施工出发前，提前2 h检查需带工具及工具的使用状态，确保现场良好使用。换轨前利用电子道尺及安博格小车负责检查接头前后20 m逐根枕木的几何尺寸，检查完毕后详细记录在记录簿上。

④ 全部焊轨施工工序及焊轨后接头质量由城际维修组技术主管人员及技术科主管无缝线路工程师负责技术指导及质量监控，施工完毕后由城际维修组技术负责人对焊轨后几何尺寸进行复检。达到放行列车条件后向段现场领导汇报，经施工科、技术科、安全科复核确认后方可放行列车。

⑤ 如伤损钢轨地段有病害及时整治后，经安博格轨检小车复查确认方可开通线路。

（3）综合机修车间：

① 每次施工前必须根据已得到的现场情况，写出书面的焊轨责任分工及施工安全组织措施，必须将焊轨的每道作业程序分配到个人负责。

② 根据现场情况带齐焊剂和必备的设备，出发前检查所有的工料具是否齐全、有效，确保现场良好使用。

③ 上道前认真填写上道机具表，并填好负责人。下道后仔细核对机具数量。

④ 由于城际线路为无砟道床，打起钢轨不超过30 mm。

⑤ 焊轨完毕后，利用电动毛刷负责对新换钢轨表面进行除锈、抛光。

（4）高铁车间：

① 根据高铁客专维修组提供的线下钢轨地点，配合城际组将线下钢轨运送到指定地点。施工完毕后负责将换下钢轨运送回线下指定地点。

② 施工过程中，负责将伤损接头处钢轨换下并将指定钢轨换上，配合焊轨完毕后负责线路恢复工作。

③ 上道前认真填写上道机具表，确认上道机具，并填好负责人。下道后仔细核对机具数量。

（5）检查监控车间：

① 提前2 h负责对线下备用更换钢轨进行探伤，确认钢轨无伤损方可进行更换。

② 钢轨更换焊复后，负责现场轨温降到50 °C以下对接头进行探伤。

（二）施工、封闭及恢复

根据城际调度台通知，施工负责人发出封闭信号（按照先防护后施工的原则进行）。

（1）封闭命令下达后，按《高铁客专铁路线桥设备维修规则》规定设置停车信号防护，点闭后按规定及慢行速度标准设置减速防护信号；防护信号的设置与撤除由当地车间与安全科负责人共同确定，并根据施工负责人的命令设置和撤除。

（2）施工开始后按照《钢轨焊接管理和考核办法》的相关规定进行施工。

（3）恢复线路：线路恢复时，整好胶垫，量好轨距，看好方向，拧紧扣件。

（4）将焊接后的废余料具清理干净，废弃坩埚、铁渣必须扔到城际桥底下。各种工具、料具必须清理完毕，线路桥面上不得留下任何工、料及废弃物品。

（三）施工过程机具运输方案

（1）先将轨道车运行到永乐站，综合机修车间将所有工、机具、作业人员运送到轨道车上。高铁车间将需要的钢轨、机具及作业人员运送到轨道车。由轨道车统一运送到施工地点。

（2）如轨道车不能上线运行，可用吊轨车提前1天将钢轨运送到现场并放在防脱墙以外。综合机修车间将工、机具使用汽车运送到就近疏散口。高铁车间将需要的钢轨和机具运送到就近疏散口。给点后，综合机修车间和高铁车间将所有的工、机具由疏散口运送到线路，然后再统一运送到施工地点。

（四）安全措施

（1）使用压机、撬棍要做到前后照应，防止碰伤手脚（压机把、撬棍要有绝缘套）。

（2）按规定使用切割工具，防止意外事故发生。

（3）安全工作实行岗位分工，各负其责，严防施工延时，发生问题逐级分析、考核，追究责任。

（4）由于焊轨作业过程都伴有高温、高压、飞溅、火焰、强光等，所有作业人员必须配备并穿戴齐防火工作服头盔、高腰防护鞋、耐高温手套、防强光眼镜。

（5）氧气及乙炔使用时应按规定操作，注意安全。

（6）预热器火焰及刚使用完的坩埚、夹具，均具有高温，防止烫伤。

（7）打磨机、锯轨机操作过程，焊剂反应、浇铸过程均有飞溅和强光，应采取措施防止烫伤和灼伤。

（8）各级干部职工在线路上禁止接打手机。

（9）参加换焊轨施工的车辆要严格遵守交通法规，确保交通安全。

（10）放行列车时，第一列 120 km/h，第二列 160 km/h，第三列 200 km/h，其后正常，开行列车焊缝轨温应低于 300 ℃。

（11）进行换焊轨施工作业时，在城际调度台登记、要"天窗"点（包括轨道车运行时间）。如果必须在"天窗"点外进行永久处理时，除封闭本线外，邻线速度不大于 160 km/h。需横跨线路倒运机具，必须要点封闭线路。

（五）紧急情况处理办法

（1）由综合机修车间带好打大小眼的钻孔机具；线路车间备齐卡子、杆子、锁轨器、回流线、夹板、30 m 钢尺等应急处理工具。

（2）当发生"跑箱"或"焊药冻结"时，从轨道车上取下备用钢轨，由施工科负责人立即组织切轨、打眼抢修，高铁车间负责准备搭抬钢轨，综合机修车间负责切轨、打眼，在封闭点确保正常处理，不影响开通。如遇到备用钢轨不能及时就位等特殊情况，可用原来线上钢轨去掉伤损部位后更换上线。

（3）施工给点后施工车间不能到达现场时，施工负责人根据现场的实际情况进行布置，停止施工，并将现场实际情况上报工务处、段调度及主管段长。

未尽事宜，各参加施工车间按照有关规定办理。

十、钢轨探伤作业实施措施（试行）

（一）组织领导和人员要求

（1）工务段、工务机械段对钢轨探伤工作由主管段长负责，技术科设专业技术人员主管。

（2）工务段应根据各自的工作任务设立专门的探伤班组，合理配置人员。

（3）钢轨探伤车操作员、探伤仪执机人员应有3年以上现场探伤操作经历，熟悉超声波探伤理论知识和操作工艺，并取得铁道部门无损检测人员Ⅱ级技术资格证书。

（4）工务段、工务机械段应选用中专、高中及以上文化程度且年轻、敬业人员从事探伤，对不适应钢轨探伤工作的人员要及时进行调整。

（5）工务段探伤车间和探伤工区应设伤损分析人员，伤损分析人员必须具备Ⅱ级技术资格（及以上）、熟悉电脑知识、熟悉探伤操作工艺和伤损的分析能力。

（二）工作职责

1. 工务段

（1）工务段应加强对探伤工作领导，并做好探伤工作的检查，建立干部跟班作业制度，主管段长每月不少于1天，技术科主管人员、车间主任每月不少于4天时间跟班作业，对现场探伤工作情况进行检查指导，并做好记录。

（2）主管段长负责探伤周期和探伤任务计划审批，同时应每月组织一次探伤工作会议，分析钢轨伤损和断轨情况，找出原因，制订有效的防范措施。

（3）技术科主管技术人员做好钢轨伤损和断轨统计分析，及时向路局有关部门填报月、季、年度报表。

（4）探伤车在所属管内探伤时，工务段应派轨道车司机带道，技术科主管人员、探伤车间主任和工长添乘。

（5）督促探伤车间对部、局探伤车检测的结果进行复核，并将复核结果及时报部、局有关部门。

（6）充分发挥探伤技师的作用，对发生的各类伤损情况进行综合分析、摸索规律、总结经验，制订出适应高速铁路探伤的方法和工艺。

（7）建立探伤人员、探伤设备和现场焊焊缝台账。

（8）根据探伤工作特点，对探伤人员定期进行安全技术教育，不断提高探伤人员的业务素质。

2. 工务机械段

（1）负责正线探伤质量（无法检查和特殊原因未能检查区段、部位除外）。
（2）加强对探伤车机械设备和操作系统的检修保养，保持良好状态，确保探伤任务和质量。
（3）探伤车探伤作业时，机械段应派技术科主管人员添乘。
（4）探伤车操作人员应参加工务段对伤损的复核工作，提高判伤水平。
（5）对认定探伤车造成的漏检，辖区机械段应及时组织有关人员进行原因分析，做好记录，并将分析处理结果2日内报路局工务处安全科。

（三）探伤设备配置

（1）探伤设备包括大型钢轨探伤车、数字式探伤仪，以及探伤试块、手工检查工具和各种必需的配件等。
（2）探伤仪的检修、保养、考评和报废按铁道部文件《钢轨探伤管理规则》规定执行。

（四）探伤作业

1. 探伤方式

（1）钢轨探伤车和小型探伤仪探伤作业均在天窗内进行。
（2）正线钢轨采用探伤车探伤，用小型探伤仪复核；站线、道岔、焊缝、伤损复核及探伤车不能检测的区段分别采用数字式钢轨探伤仪、数字式通用探伤仪探测。
（3）钢轨探伤车探伤质量由辖区机械段负责；站线、到发线、道岔、焊缝、伤损复核及探伤车不能检测的区段由各辖区工务段负责。

2. 探伤周期

正线钢轨探伤车探伤每月一遍，站线、现场焊焊缝探伤每半年一遍，道岔探伤每季度一遍。

3. 探伤车探伤

（1）钢轨探伤车探伤作业由路局统一安排，探伤车应依据路局工务处电报确定的检查区段和范围进行探伤。
（2）探伤车应将检出的各类钢轨伤损和未能探测的区段当日通知所属工务段进行复核和检测。
（3）探伤车完成一次探伤任务后，由北京工务机械段2日内将检测结果书面报路局工务处。
（4）钢轨探伤车漏检责任认定，依据与生产厂家签订的合同和技术说明书规定的技术要求、探头在钢轨断面上扫查的有效范围、伤损位置及取向等综合分析认定。

4. 工务段探伤

（1）探伤作业基本要求按铁道部文件《钢轨探伤管理规则》规定执行。
（2）钢轨焊缝探伤：按铁道部标准《钢轨焊缝超声波探伤作业》执行。

（3）提速道岔探伤：按路局《提速道岔探伤管理办法》执行。

（4）重点处所探伤：按《钢轨探伤管理规则》及路局有关文件规定执行。

（5）由于探伤车设备故障等特殊原因未能探测的区段，所属工务段应及时组织探伤。

（6）工务段应对探伤车探测结果和注意观察处所认真复核，对复核确认的伤损信息进行保存，以备核查。

（7）工务段接到探伤车探伤报告后3日内完成对伤损的复核，并将复核结果报路局工务处和钢轨探伤车。

（五）伤损处理

（1）探伤车、工务段检查和复核发现确认危及行车安全的重伤钢轨，应立即封闭线路，通知所属工务段处理。

（2）工务段探伤检查发现和复核确认的各类轻伤有发展钢轨应立即通知工务段调度上夹板加固。对轻伤钢轨按铁道部、路局有关文件规定处理。

（六）作业安全

1. 探伤车探伤

（1）探伤车作业安全严格按铁道部运输基础设备文件《钢轨探伤车安全作业规程》执行。

（2）探伤车在作业区间因故排除探轮、编码器或探伤小车等故障停车时，及时通知驻调人员。

（3）探伤车在停车时应及时上好铁鞋，防止溜车。

2. 工务段探伤

（1）凡上线进行探伤作业必须派驻调员进驻调度所，现场设防护员，用GMS-R手机联络，凡联络困难或联络中断时必须下道。

（2）由驻调员负责登记、销点。

（3）作业时要同去同回，必须清点核对人数、仪器和工具，无误后方可撤离现场。

（4）线路开通后，人员、机具必须全部撤离现场。

（5）遇邻线慢行时，两线间严禁站人及放置仪器和工具。

（七）具体要求

（1）工务段要加强对探伤工作的领导，将探伤工作纳入日常安全管理内容，加强检查考核，确保探伤任务的完成。

（2）发生断轨故障主管段长必须现场组织处理。

（3）凡在现场焊复的钢轨，焊后要及时探伤，运行10天后进行复探。

（4）加强钢轨伤损分析工作，建立钢轨伤损台账，发生断轨后工务处组织分析，要拍照片存档，并留有断轨头标本。

参考文献

[1] 钱仲侯. 高速铁路概论[M]. 北京：中国铁道出版社，1994.

[2] 杨友根，吴风，宋风书，等. 铁道工务[M]. 成都：西南交通大学出版社，1997.

[3] 张未. GJ-4 型轨道检查车的原理与应用[M]. 北京：中国铁道出版社，2001.

[4] 广钟岩，高慧安. 铁路无缝线路[M]. 4 版. 北京：中国铁道出版社，2005.

[5] 何宏斌. 现代轨道原理与维修技术[M]. 成都：西南交通大学出版社，2007.